Panorama hispanohablante 2

Libro del profesor

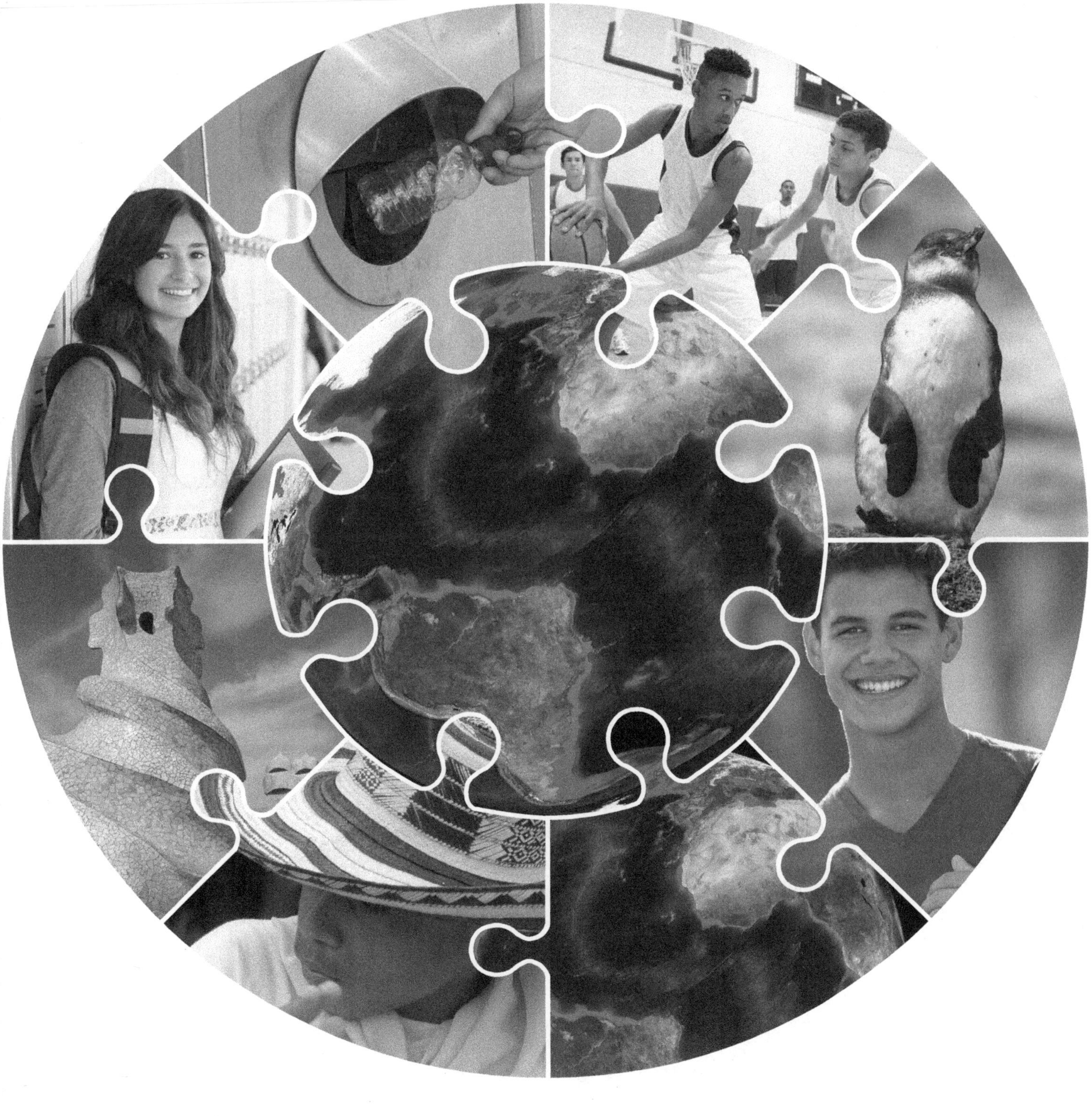

Samantha Broom, María Isabel Isern Vivancos, Alicia Peña Calvo
Coordinación pedagógica: Lluïsa Astruc

CAMBRIDGE
UNIVERSITY PRESS

University Printing House, Cambridge CB2 8BS, United Kingdom

One Liberty Plaza, 20th Floor, New York, NY 10006, USA

477 Williamstown Road, Port Melbourne, VIC 3207, Australia

4843/24, 2nd Floor, Ansari Road, Daryaganj, Delhi – 110002, India

79 Anson Road, #06–04/06, Singapore 079906

Cambridge University Press is part of the University of Cambridge.

It furthers the University's mission by disseminating knowledge in the pursuit of education, learning and research at the highest international levels of excellence.

Information on this title: education.cambridge.org/9781316504253

© Cambridge University Press 2017

First published 2017

20 19 18 17 16 15 14 13 12 11 10 9 8 7 6 5 4 3 2

Printed in Great Britain by CPI Group (UK) Ltd, Croydon CR0 4YY

A catalogue record for this publication is available from the British Library

ISBN 978-1-316-50425-3 Paperback

This work has been developed independently from and is not endorsed by the International Baccalaureate (IB).

IB consultant: Carmen de Miguel

Additional material and CD-ROM worksheets written by Carmen de Miguel.

Dedicado a la memoria de Virginia Toro, estimada docente de la lengua española que participó como autora en este proyecto.

Índice

Introducción

Enfoque de Panorama Hispanohablante

Panorama Hispanohablante ha sido concebido específicamente para los estudiantes que no hayan cursado lengua española con anterioridad. Este curso tiene como objetivo hacer que los estudiantes adquieran el idioma necesario para que se puedan desenvolver lingüísticamente en situaciones auténticas. También se les introduce a las distintas culturas de países hispanohablantes. Al final de los dos años de curso el estudiante debería haber adquirido las destrezas necesarias para presentarse al examen del Bachillerato Internacional, o para continuar su aprendizaje del idioma de manera más autónoma si así lo desea. *Panorama Hispanohablante* tiene dos volúmenes, que corresponden a los dos años del curso de español *ab initio* del Bachillerato Internacional. Los dos volúmenes presentan textos y actividades adaptados al nivel de los estudiantes. Los libros se pueden utilizar en cualquier contexto educativo, y en todo tipo de colegio nacional o internacional.

El profesor que enseña el curso *ab initio* por primera vez encontrará todo el apoyo necesario para planificar su programa de enseñanza, con multitud de consejos para que pueda preparar a sus estudiantes para poder afrontar con éxito las diferentes pruebas del examen. Por otra parte, el profesor experimentado también encontrará en *Panorama Hispanohablante* recursos adicionales que complementarán su programa de enseñanza.

¿Cómo se refleja el espíritu del programa del Bachillerato Internacional en este curso?

El Bachillerato Internacional tiene como objetivo preparar los estudiantes para los estudios superiores, pero además tiene como meta formar ciudadanos globales informados, cultivados y solidarios, con un espíritu abierto e independiente.

Panorama Hispanohablante es un libro con un enfoque decididamente internacional. Ofrece textos auténticos, provenientes de una variedad de países hispanohablantes. Los textos se seleccionaron no solo por su adherencia al programa *ab initio* del Bachillerato Internacional, sino también por el interés que podrán despertar en los jóvenes. Además, las diferentes actividades les permitirán desarrollar un verdadero conocimiento intercultural. Se han concebido las actividades para que permitan al estudiante adquirir progresivamente sus conocimientos y sus destrezas lingüísticas, y al mismo tiempo reflexionar y desarrollar su capacidad crítica (sobre todo por medio de enlaces con el programa de Teoría del Conocimiento), y su participación activa en el aprendizaje.

Se recomienda animar a los estudiantes desde el comienzo del curso a que trabajen independientemente en el aprendizaje del idioma. Pueden ampliar su vocabulario con la ayuda de un diccionario, aprendiendo no solo las palabras que aparezcan en los textos que estén estudiando, sino también otras palabras ligadas al mismo tema. Los estudiantes podrían incluir todas las palabras que aprendan en un archivo electrónico, o en un cuaderno de vocabulario; donde podrían clasificar el vocabulario por tema, algo que les ayudaría más adelante a la hora de repasar para el examen.

En *Panorama Hispanohablante* se abordan todos los aspectos gramaticales que forman parte del programa de español *ab initio* del Bachillerato Internacional, pero no son libros de gramática. Por eso, se aconseja acompañar a *Panorama Hispanohablante* con un libro de gramática de su elección, en el idioma de instrucción de su colegio, para explicar más detalladamente los diferentes aspectos gramaticales mencionados en las secciones de *Gramática en contexto*. Además, se recomienda proveer a los estudiantes con ejercicios de gramática adicionales a los que parecen en los libros y cuadernos de ejercicios. Esto les permitirá consolidar sus conocimientos con respeto a los aspectos gramaticales más complejos.

¿Cómo se organiza este curso?

El programa español ab initio se basa en tres campos de estudio: el idioma, los textos y tres áreas temáticas. Las tres áreas temáticas son: *El individuo y la sociedad, Trabajo y ocio, y El medio urbano y rural*.

Estas tres áreas temáticas cubren una variedad de temas y aspectos diferentes, que sirven de base para el aprendizaje del idioma, el estudio de diferentes tipos de textos y la exploración de la variedad de culturas hispanohablantes, mientras que los estudiantes desarrollan sus destrezas receptivas, productivas e interactivas. Cada unidad de *Panorama Hispanohablante* se enfoca en un tema particular y una serie de aspectos relacionados, que dan pie al desarrollo y práctica de varios elementos lingüísticos.

Panorama Hispanohablante incluye dos libros del alumno, dos libros del profesor, dos cuadernos de ejercicios, una serie de grabaciones de audio, y material adicional. Las grabaciones de audio forman parte integral del curso en el libro 1. Aunque el examen del Bachillerato Internacional no contiene ejercicios de comprensión auditiva, estos son indispensables para un buen aprendizaje del idioma, y ayudarán a que los estudiantes adquieran una buena pronunciación.

Panorama Hispanohablante está organizado de la siguiente manera:
14 unidades en el libro 1
12 unidades en el libro 2

Cada unidad incluye:

* grabaciones (libro 1) y textos, sencillos y cortos en las primeras unidades, con textos auténticos más largos y complejos posteriormente, que permitirán al estudiante desarrollar sus destrezas lingüísticas y su comprensión intercultural

* muchas imágenes que ilustran puntos gramaticales, ayudan a descubrir la cultura de países hispanohablantes, u ofrecen un estímulo visual para las pruebas orales

* actividades de comprensión

* actividades orales

* actividades escritas

* ejercicios de gramática en contexto

* actividades preparatorias para los exámenes orales y escritos

* listas de vocabulario, consejos para la pronunciación e información cultural.

La última página de cada unidad se dedica al repaso.

Iconos empleados en el libro del alumno

🏁	Introducción
💬	Habla
🎧	Escucha
📖	Lee
💡	Comprensión
✏️	Escribe
🔍	Investiga
☁️	Imagina

¿Cómo utilizar este curso?

Para los estudiantes que nunca han estudiado español se recomienda utilizar el primer libro en el primer año, y el segundo en el segundo año de estudio; y seguir las unidades en el orden en el cual aparecen en el libro. Por otra parte, para los estudiantes que ya tienen algún conocimiento del idioma, el profesor podría seleccionar elementos del primer libro para que sus alumnos puedan repasar los aspectos del idioma que ya conozcan, y así diseñar el curso de manera más personalizada.

Los cuadernos de ejercicios tienen como objetivo reforzar los conocimientos adquiridos en clase, y proveen actividades que los estudiantes pueden completar en su tiempo libre. Por eso, se recomienda que cada estudiante tenga su propio cuaderno de ejercicios. Han sido diseñados de manera que los estudiantes puedan escribir en ellos las respuestas a los diferentes ejercicios.

¿Qué hay en el libro del profesor?

El libro del profesor contiene:

- las respuestas para cada ejercicio
- las transcripciones de las grabaciones (libro 1)
- recomendaciones prácticas - cómo utilizar los libros
- sugerencias para actividades complementarias
- consejos para los exámenes
- consejos para el trabajo escrito
- consejos para el oral individual.

Además se proveen al profesor materiales adicionales (CD-ROM):

- un glosario de todas las palabras principales que aparecen en el libro del alumno
- actividades adicionales para imprimir y utilizar en clase
- todas las grabaciones que acompañan las actividades de las secciones Escucha en el libro del alumno 1.

Deseamos que los estudiantes disfruten aprendiendo el idioma español y descubriendo la variedad cultural del mundo hispanohablante. Esperamos que *Panorama Hispanohablante* les ayude a tener éxito en sus estudios del Bachillerato Internacional, y que posteriormente continúen aprendiendo el idioma de manera independiente.

Panorama hispanohablante 2 es un curso de español *ab initio* para el Programa del Diploma del Bachillerato Internacional

Unidades de Panorama hispanohablante 2, libro del alumno

Unidad	Área temática	Tema	Aspectos	Gramática	Tipo de texto
1 A la aventura	Trabajo y ocio	Viajes y vacaciones	• Los viajes • Exploradores del pasado y de hoy • Turismo responsable • Voluntariado	• Pretérito imperfecto y pretérito indefinido (repaso) • Pretérito pluscuamperfecto • Conectores	Blog Informe Artículo Diario
2 Me conecto	Trabajo y ocio	Medios de comunicación	• Personas famosas: estilo de vida • Internet y redes sociales • Prensa: noticias y reportajes • Anuncios publicitarios	• Adjetivos superlativos • (superlativos absolutos) • Adjetivos demostrativos • Adverbios de lugar	Anuncio Folleto Reseña Blog

Unidad	Área temática	Tema	Aspectos	Gramática	Tipo de texto
3 Educación para todos	El individuo y la sociedad	Educación	• Sistemas educativos del mundo y escuelas del mundo. Planes de estudios • Movilidad estudiantil y becas • Elección educativa y oportunidades • Igualdad educativa • La importancia de la educación • Carreras y planes futuros	• Usos del futuro simple (repaso) • Expresar opiniones (subjuntivo) • Condicional simple • Oraciones condicionales si + presente + futuro en la oración principal • Oraciones temporales	Artículo Entrevista Petición en línea Póster Estadísticas Foro Evento publicitario
4 El trabajo escrito	Trabajo y ocio	La comida, la bebida y las fiestas Las vacaciones y el tiempo de ocio La educación y asuntos globales	• El trabajo escrito: entender el proceso de escritura • Elegir el tema • Documentarse • Explotar las fuentes • Desarrollar el contenido • Escribir bien • El trabajo escrito en el examen oral	• Conectores lógicos del discurso • Usos del subjuntivo	Artículo Trabajo escrito
5 La cultura juvenil	Trabajo y ocio	Entretenimiento	• Las artes: • el arte, • el cine, • la literatura, • la música, • las artes urbanas y las artes escénicas	• Los comparativos • indefinidos • Expresando cantidad • Pronombres interrogativos y relativos	Foro Guía Turística Página web Blog Folleto Artículo Anuncio Carta Diario Presentación
6 El mundo laboral	Trabajo y ocio	Trabajo	• Desempleo • Empleabilidad • Contratos • Currículum vitae • Solicitud trabajo • Experiencia laboral • Trabajo ideal	• Pretérito pluscuamperfecto • Revisión tiempos verbales de indicative • Conectores (continuación)	Encuesta Sitio web de una red social Correo electrónico Resumen Anuncio Currículum vitae Solicitud

Unidad	Área temática	Tema	Aspectos	Gramática	Tipo de texto
7 Los deportes y la salud	Trabajo y ocio El individuo y la sociedad	Deportes Entretenimiento Salud Física	• Los deportes y los pasatiempos • Las actividades extra curriculares • Estar en buena forma • Llevar una vida sana • Seguir una dieta sana • Los trastornos de la alimentación • Las organizaciones benéficas	• Imperativo informal (repaso) • Subjuntivo • Conectores (continuación)	Artículo Folleto Hoja informativa Red social Entrevista Correo electrónico Cuestionario Poster Diario Blog
8 La Tierra en peligro	El medio urbano y rural	Problemas medioambientales	• El reciclaje • Comercio justo • Embalaje • Contaminación • Cambio climático	• Conectores: causa y efecto • El condicional (repaso) • Oraciones condicionales	Artículo Sitio web de una red social Carta Definición Encuesta
9 Relaciones sociales y familiares	El individuo y la sociedad	Entorno social de los jóvenes El barrio Relaciones familiares	• Los jóvenes, las amistades, los compañeros, las parejas • Los vecinos: Fiestas del barrio • La familia: Celebraciones familiares • Diferencias Culturales en las relaciones • El matrimonio • Opiniones	• Adjetivos posesivos (repaso) y pronombres posesivos • Subjuntivo con verbos de deseo, preferencia, petición • Posición del adjetivo (repaso) • Expresar opiniones • Preposiciones para describir	Artículo Correo electrónico Diagrama Diario Entrevista Invitación formal e informal Foro
10 Nuestro mundo, nuestra responsabilidad	El medio urbano y rural El individuo y la sociedad	Geografía física Ciudades Problemas medioambientales Tiempo meteorológico	• Montañas y campo, costa y playa • Turismo urbano • Impacto del clima en la vida cotidiana • Cambio climático • Especies en peligro de extinción • Catástrofes naturales	• Pretérito perfecto (repaso) • Pretérito indefinido (repaso) • Pretérito imperfecto (repaso)	Artículo Anuncio Blog Correo electrónico Cuestionario Guía turística Póster Presentación oral

Unidad	Área temática	Tema	Aspectos	Gramática	Tipo de texto
11 Cuestiones globales	El medio urbano y rural	Problemas globales	• La igualdad de género • Ayuda a países en vías de desarrollo • La pobreza • La guerra • El trabajo de las ONGs	• Repaso: imperativo • Adverbios de lugar • Conectores de contraste • Repaso: usos del subjuntivo	Folleto Artículo Entrevista Correo electrónico Relato
12 Las nuevas tecnologías	Trabajo y ocio	La tecnología Los medios de comunicación de masas	• Avances científicos polémicos • La informática en la educación • Juegos en línea y mundos virtuales • Relaciones virtuales entre cibernautas: la seguridad • Repaso práctica de prueba 1	• Expresar opiniones (repaso) • Expresar causa: conectores causales (repaso) • Expresar finalidad: conectores finales (continuación)	Artículo Blog Entrevista Foro Opinión en un sitio web Póster Titular de prensa

Áreas temáticas y temas que forman parte del curso de español *ab initio* del Programa del Diploma del Bachillerato Internacional y que son abarcados en unidades de *Panorama hispanohablante 2*

El individuo y la sociedad		Trabajo y ocio		El medio urbano y rural	
Comida y bebida	4, 7	Deportes	7	Cuestiones globales	11
Educación	3, 12	Empleo	6	El barrio	9
Relaciones	9	Entretenimiento	5, 7	Geografía física	10
Salud física	7	Medios de comunicación	2	Problemas ambientales	8
		Tecnología	12	Tiempo meteorológico	10
		Vacaciones	1		

Puntos gramaticales que forman parte del curso de español *ab initio* del Programa del Diploma del Bachillerato Internacional y que son abarcados en unidades de *Panorama hispanohablante 2*

	Unidades de *Panorama hispanohablante 2*
Adjetivos	9
Adjetivos demostrativos	2
Adjetivos posesivos (repaso) y pronombres posesivos	9
Adjetivos superlativos (superlativos absolutos)	2
Adverbios de lugar	2, 11
Condicional simple	3, 8
Conectores	1, 4, 6, 7, 8, 11, 12
Cantidad	5
Expresar opiniones	3, 9, 12
Imperativo informal (repaso)	7
Comparativos indefinidos	5
Oraciones condicionales	3, 8
Oraciones temporales	3
Preposiciones para describir	9
Pretérito imperfecto (repaso)	1, 10
Pretérito indefinido (repaso)	1, 10
Pretérito perfecto (repaso)	10
Pretérito pluscuamperfecto	1, 6
Pronombres interrogativos y relativos	5
Imperativo (repaso)	11
Usos del subjuntivo (repaso)	4, 11
Verbos en indicativo (repaso)	6
Subjuntivo	7
Subjuntivo con verbos de deseo, preferencia, petición	9
Usos del futuro simple (repaso)	3

1 A la aventura

Área temática	Trabajo y ocio
Tema	**Viajes y Vacaciones**
Aspectos	Los viajes Exploradores del pasado y de hoy Turismo responsable Voluntariado
Gramática	Pretérito imperfecto y pretérito indefinido (repaso) Pretérito pluscuamperfecto Conectores
Tipos de texto	Entrada blog Informe Artículo Diario personal
Rincón del BI	**Teoría del Conocimiento** • ¿Cómo ha cambiado el concepto de viajar desde la época de las exploraciones? **Trabajo escrito** • Investigación sobre los intercambios culturales abiertos en la era de las exploraciones. ¿Qué intercambios se producen entre 'el viejo mundo' y 'el nuevo mundo'. ¿Cómo afectaron a tu cultura? **Oral individual** • Estímulos visuales: Fotos de diferentes destinos turísticos como por ejemplo una playa llena de gente, jóvenes caminando en las montañas, gente en un museo, ... • Conversación general sobre las ventajas de cada tipo de vacación. Hablar sobre alguna experiencia memorable durante unas vacaciones. **Producción escrita** • Han comenzado las vacaciones de verano pero no todos tus amigos pueden permitirse viajar fuera de su ciudad. Escribe una entrada en tu **blog** personal con ideas para no aburrirse durante las vacaciones. (Escribe al menos 100 palabras).

Esta unidad en el área temática de Trabajo y ocio está dedicada a los viajes y las vacaciones. Los estudiantes trabajarán en una serie de aspectos relacionados con ese tema tales como diferentes tipos de vacaciones, opciones de voluntariado y las diferentes formas de pasar tiempo lejos del trabajo o los estudios. La gramática se centra mayoritariamente en los tiempos pasados de verbos para proveer a los alumnos con la capacidad de entender, expresar y relatar experiencias personales.

1 Introducción [Página 7]

La imagen (una maleta y su contenido) es un estímulo visual para introducir el tema de la unidad puesto que la mayoría de los artículos que se muestran son típicos de unas vacaciones en su sentido más estereotípico.

2 Habla [Página 7]

El ejercicio brinda a los estudiantes la oportunidad de empezar a discutir el tema de las vacaciones utilizando vocabulario relativamente simple visto en el Libro 1. Anime a sus estudiantes a justificar sus respuestas.

Respuesta posible

Los colores de las s chanclas y la toalla me hacen pensar que la maleta pertenece a una chica. Creo que tiene 25 o 30 años y tiene un buen trabajo porque puede permitirse viajar al extranjero ya que se ve su pasaporte en la imagen. Trabaja duro durante el año y por eso utiliza las vacaciones para relajarse en la playa, pero también le gusta conocer lugares nuevos porque en la imagen hay un mapa.

La crema de sol, las gafas y las playeras indican que va de vacaciones a un lugar cálido como por ejemplo Cuba o Cancún en México. Creo que quizás piensa hacer buceo en la playa. También lleva una cámara de fotos, y no solo el móvil para hacer *selfies* y fotos rápidas, lo que para mí significa que tiene la intención de visitar los lugares de interés cultural.

3 Escribe [Página 7]

Los estudiantes deberán considerar la lista que escribieron en respuesta al ejercicio 1 y pensar en otros artículos que ellos crean esenciales para ir de vacaciones. Su respuesta dependerá mucho del país en que se encuentre su centro y las tradiciones de vacaciones que allí se estilen.

Respuesta posible

Móvil: para estar en contacto con los seres queridos y/o en caso de emergencia.

Guía de viaje: para poder descubrir los lugares de interés más recomendados.

Ropa adecuada para el tipo de vacaciones planeadas: es imprescindible.

Dinero en la moneda del país de destino: para poder comprar recuerdos, salir a comer, etc.

Seguro de viaje: para poder acceder a los servicios médicos en caso de algún contratiempo.

---

4 Habla `Página 7`

En pequeños grupos, los estudiantes expresan su opinión sobre los objetivos primordiales de las vacaciones de acuerdo con sus experiencias y creencias personales. Se recomienda que plantee el ejercicio como algo hipotético dónde los medios económicos no sean obstáculo para de este modo evitar que algunos estudiantes se puedan sentir incómodos si no acostumbran a ir de vacaciones por razones económicas. En algunas de las preguntas, se anticipa que los estudiantes propondrán un equilibrio – visitar su país y el extranjero o mimarse y ayudar a los menos afortunados, por ejemplo – se recomienda que en el caso de sus estudiantes más hábiles, les anime a que elijan una de las dos opciones y la justifiquen.

Los estudiantes de Psicología Social de la Universidad de Buenos Aires investigan por qué a menudo elegimos viajar durante nuestras vacaciones…

---

1 Lee y habla `Página 8`

Los estudiantes leen las citas y deciden si están a favor o en contra de viajar. Luego explican en sus propias palabras lo que significa cada cita o lo que creen que sus autores pensaban sobre el viajar. Los estudiantes también deben decidir si están de acuerdo con las citas y compartir su opinión con sus compañeros. Las citas mencionadas son relativamente antiguas. Puede, si lo desea, comentar esto a sus estudiantes para animarlos a decidir si tales citas son todavía válidas en la sociedad actual.

Respuesta posible

"La imaginación sirve para viajar y cuesta menos" cita atribuida al escritor y orador americano George William Curtis (24 de febrero 1824 – 31 de agosto de 1892). Está en contra del viajar porque sugiere que viajar es muy caro e innecesario si se tiene suficiente imaginación.

"El que no sale nunca de su tierra está lleno de prejuicios" cita atribuida al escritor dramaturgo Carlo Goldoni (25 de febrero de 1707 – 6 de febrero 1793). Está a favor del viajar porque insinúa que las personas que no han viajado tienen más prejuicios que aquellos que sí han viajado.

"Para viajar lejos no hay mejor nave que un libro" cita atribuida a la poeta Emily Dickinson (10 de diciembre 1830 – 15 de mayo de 1886). La cita sugiere que viajar no es necesario porque se puede viajar con la imaginación a través de los libros.

"Viajar es imprescindible y la sed de viaje, un síntoma neto de inteligencia", cita atribuida al novelista español Enrique Jardiel Poncela (15 de octubre 1901 – 18 de febrero 1952). La cita está a favor del viajar sugiriendo que las personas que no tienen el deseo de viajar son menos inteligentes que aquellas que desean ver otros lugares.

---

2 Escribe `Página 8`

En el ejercicio anterior, los estudiantes han tenido que reflexionar sobre lo que es viajar y su importancia para diferentes personas para ahora poder escribir su propia definición de lo que ellos consideran que es viajar.

Respuesta posible

Viajar es alejarse del hogar y el entorno conocido para observar, experimentar y compartir la vida en otros lugares, ya sea en el mismo país o en países más lejanos.

---

3 Lee `Página 8`

Los estudiantes deben escanear el texto rápidamente para identificar el vocabulario requerido sin prestar atención a los detalles.

Respuesta

Tren, autocar, avión

Albergues juveniles, hoteles, hostales, pensiones, tienda (de campaña)

---

4 Lee `Página 8`

Los estudiantes deberán leer el texto en más profundidad e intentar identificar la palabra que se necesita para cada espacio. Para esto será necesario que los estudiantes no tan sólo consideren el mensaje y significado del texto pero también aspectos gramaticales tales como la concordancia para así poder eliminar respuestas no posibles.

Respuesta

Me apasiona viajar pero soy muy joven así que no tengo mucho dinero y todavía no he viajado mucho. De momento solo he viajado en tren o autocar con mi mochila a la espalda y alojándome en albergues juveniles. Pienso que viajar alimenta nuestras ganas de **1 aprender** y viajando se rompe con los **2 estereotipos** que existen en nuestra sociedad.

La rutina del día a día se hace muy pesada y coger un avión a cualquier destino rompe con esa **3 monotonía**. Viajar es un gusanillo que cuando entra en el cuerpo no se puede sacar porque con cada nuevo destino aumenta la **4 curiosidad** que sentimos por conocer más.

Viajar no necesita ser caro. En cualquier caso, a mí no me gustan los hoteles, hostales o pensiones de manera que siempre cargo con mi mochila, mi tienda y mi saco de dormir. Viajar nos acerca a personas y **5 lugares** diferentes de manera que cada viaje nos hace un poquito más **6 tolerantes.** Cuando apenas has salido de casa y solo conoces tu entorno es muy fácil tener **7 prejuicios.**

Personalmente creo que viajar te hace sentir una **8 libertad** que es muy difícil de experimentar de otra manera. Cada viaje nos desarrolla como personas y a medida que nuestro entendimiento global del **9 mundo** se amplia, desaparece ese **10 conformismo** que existe cuando sólo conoces tu propia cultura.

5 Lee y escribe | Página 9

El objetivo del ejercicio es más bien socio-moral que lingüístico pues se espera que al leer las opiniones de los jóvenes sobre el viajar, los estudiantes reflexionen sobre las ventajas de viajar relacionadas con la tolerancia, el respeto de otras culturas, la desaparición o reducción de prejuicios, etc.

Respuesta posible

Viajar es alejarse del hogar y el entorno conocido en busca de nuevas experiencias, llevados por la curiosidad de conocer otros lugares, culturas y tradiciones que a su vez, nos enriquecen como personas, haciéndonos mucho más tolerantes.

6 Habla | Página 9

Los estudiantes deben reflexionar sobre el significado del título del artículo. Puede ayudarles con preguntas como ¿Por qué antes viajar era una aventura? ¿Qué porcentaje de la populación viajaba hace 50 años? ¿Y ahora? ¿Es viajar más simple? ¿Más asequible? ¿Por qué? Si fuera necesario, puede dirigir a los estudiantes a la imagen que acompaña el texto para que así relacionen la falta de emoción a la hora de viajar con el uso de las nuevas tecnologías.

7 Comprensión | Página 9

El ejercicio hace que los estudiantes reflexionen sobre los cambios ocurridos en nuestra sociedad en relación de los viajes y la percepción de un mundo mucho más pequeño. Probablemente el texto corrobore las discusiones previas en relación al uso de las nuevas tecnologías para hacen el viajar más predecible y accesible.

Respuesta

Antes cuando se viajaba a un destino desconocido, no había la información disponible que hay ahora así que había un elemento de incertidumbre mucho mayor que ahora haciendo las vacaciones más emocionantes.

El internet

- Ha hecho que los viajeros se puedan informar al respeto de la mayoría de elementos de sus vacaciones a través de las plataformas de opiniones.

- Ofrece más variedad y facilita las decisiones con fotos y comentarios de viajeros previos.

- Facilita los trámites de viaje.

8 Leer | Página 9

El objetivo del ejercicio es la ampliación de vocabulario. Los estudiantes deben leer el texto detalladamente para identificar palabras que en el contexto del artículo son sinónimas o antónimas a las suministradas.

Respuesta

1 incierto, trayecto

2 radical, informado, exclusividad, disposición

3 facilitado, proliferación

9 Escribe | Página 9

Los estudiantes consideran la información del artículo en relación a los cambios en el sector de las vacaciones y los viajes y deciden si están de acuerdo con la afirmación de que hoy en día, viajar ya no es una aventura. Tienen que escribir un comentario para la supuesta página web expresando su acuerdo o desacuerdo con lo que en el artículo se explica.

Los estudiantes de Psicología Social de la Universidad de Buenos Aires investigan las grandes aventuras del pasado y las aventuras de hoy en día

1 Comprensión | Página 10

El objetivo del ejercicio es poner a prueba la capacidad de comprensión lectora de los estudiantes en un tema del que posiblemente ya conozcan algunos hechos por lo cual pueden anticipar algunas de las respuestas. Las preguntas son relativamente simples y no deberían presentar un reto demasiado difícil para los estudiantes.

Respuesta

1 Era italiano.

2 Pensaba que se dirigía al Lejano Oriente.

3 Viajaba en una nave llamada la Santa María.

4 Una rebelión de los marineros puso la expedición en peligro.

5 Colón desconocía que había descubierto un nuevo continente.

2 Lee
Página 10

El ejercicio pone a prueba la capacidad de comprensión de los estudiantes ofreciendo valiosa práctica en un tipo de ejercicio que van a afrontar en el examen final. Es recomendable que guíe a los estudiantes a eliminar respuestas obviamente falsas dado el texto y que empiecen a utilizar sus conocimientos gramaticales para crear frases de sintaxis correcta de las que luego pueden comprobar la veracidad con el texto, creando así un proceso de eliminación por etapas.

Respuesta

1 **B**, 2 **I**, 3 **G**, 4 **K**, 5 **A**, 6 **H**

Cuaderno de ejercicios 1/1
Página 3

El objetivo del ejercicio es que los estudiantes repasen vocabulario que ya han visto en el primer curso para rellenar formularios con datos personales y/o claves relevantes, en este caso en el contexto de los exploradores españoles.

Respuesta

Nombre: Juan Sebastián Elcano

Fecha de nacimiento: 1476

Lugar de nacimiento: Guipúzcoa, España

Fecha de defunción: 4 de agosto de 1526

Causa de su muerte: malnutrición

Nacionalidad: español

Ocupación: explorador y marinero

Conocido por: la primera circunvalación del mundo

3 Escribe
Página 11

El objetivo del ejercicio es que los estudiantes practiquen los tiempos verbales pasados que se repasan en esta unidad en un ejercicio relativamente controlado. Se recomienda que guíe a sus estudiantes menos hábiles a seguir la trama del texto sobre Elcano pero planteándolo en la primera persona siendo más o menos fiel al texto disponible mientras los estudiantes más hábiles deberían intentar ser más creativos y reciclar mucho menos del texto para así crear una historia propia más cautivadora.

4 Investiga
Página 11

La ruta BBVA es una expedición anual de alrededor de un mes de duración que tiene ánimo de combinar la educación en valores, el intercambio cultural y la aventura. Más de 150 estudiantes de 16 a 19 años de España, Portugal, E.E.U.U. e Iberoamérica consiguen una plaza en la expedición a través de un concurso con requisitos muy estrictos y pruebas sumamente rigurosas.

La expedición brinda a los jóvenes la oportunidad de viajar y descubrir las dimensiones humanas, geográficas, sociales e históricas de otras culturas.

Desde su comienzo en 1979 más de 9.000 jóvenes han participado siguiendo los recorridos históricos de personajes claves de la historia de la Comunidad Iberoamericana y visitando países como España, Chile, Argentina, Honduras, Panamá, México y Guatemala entre otros.

5 Lee
Página 11

El ejercicio brinda la oportunidad de conocer los detalles de actividades características de las expediciones BBVA ofreciendo un enfoque cultural corriente y relevante para los estudiantes pues se trata de jóvenes de su misma edad. Al mismo tiempo el ejercicio crea una oportunidad para la comprensión lectora con un enfoque en el uso del pretérito indefinido.

Cabe destacar que durante esos días los expedicionarios **1 llevaron** a cabo diversas actividades del programa de emprendimiento social y **2 visitaron** la Fundación Juan Felipe Gómez Escobar, que forma y ayuda a madres adolescentes. Por otro lado, Ruta BBVA **3 destacó** que seguidamente la Ruta BBVA **4 se desplazó** al Parque Nacional de Tayrona, donde **5 se llevó** a cabo "una de la etapa más aventureras de su recorrido" y **6 se visitó** Santa Marta antes de desplazarse a Aracataca, "patria chica del gran Gabo". Asimismo, los estudiantes **7 continuaron** la marcha hacia el sur de país para concluir en Bogotá, donde **8 fueron** recibidos por el presidente Santos.

6 Lee
Página 11

Una vez más, el ejercicio tiene el objetivo de ampliar el vocabulario de los estudiantes requiriendo que estos encuentren palabras sinónimas en el texto.

Respuesta

1 estudiantes

2 localidad

3 asimismo

4 expedicionarios

5 posteriormente

6 charla

7 Habla
Página 11

El objetivo del ejercicio es brindar la oportunidad a los estudiantes a reflexionar sobre las expediciones o aventuras del pasado contrastándolas con las oportunidades de hoy en día y decidir, según su opinión; que es lo que preferirían. En pequeños grupos, los estudiantes discuten si preferirían participar en la expedición Ruta BBVA o viajar con Colón o Elcano en sus respectivas expediciones, justificando su elección.

Para su tesis, los estudiantes cuestionan si existe el turismo responsable

1 Lee y habla   Página 12

El test introduce a los estudiantes al tema de la responsabilidad social de los turistas y empresas relacionadas con el turismo. Los estudiantes leen el test y eligen sus respuestas respectivas. Al final, anímeles a evaluar qué dicen de ellos sus respuestas al test en relación a ser un turista ecológico.

2 Comprensión   Página 12

Este ejercicio es una continuación del ejercicio 1 donde se requiere una mayor comprensión del texto. Más respuestas A indican un turista muy poco ecológico, y un turista con conciencia ecológica debería responder más respuestas C. Las respuestas B generalmente son las que definen a alguien que siente un interés por la cultura del lugar que visita.

3 Escribe   Página 12

El ejercicio tiene principalmente un objetivo gramatical ya que los estudiantes deben transcribir las opciones ecológicas del sondeo lo que supone transferir los verbos de segunda persona a tercera. Los estudiantes también deberán utilizar una variedad de verbos para expresar opinión pero evitando repetición. Se recomienda que anime a los estudiantes más hábiles a ampliar el perfil añadiendo otros aspectos no necesariamente mencionados en el test.

Respuesta posible

Un viajero ecológico se va de vacaciones en bici. Le gusta tomarse su tiempo porque piensa que el trayecto de ida y vuelta son parte del viaje y cree que hacer ejercicio es bueno para la salud.

Un viajero ecológico disfruta de estar al aire libre y prefiere la simplicidad así que se aloja en un camping en lugar de un hotel.

Evita empresas y restaurantes multinacionales e intenta comportarse como los ciudadanos del lugar de manera que compra en el mercado los productos locales y los cocina él mismo.

Finalmente, un viajero ecológico intenta evitar las multitudes y prefiere visitar los lugares de interés a pie o en bicicleta sin necesidad de coger el bus turístico.

4 Imagina   Página 12

El objetivo del ejercicio es continuar creando consciencia ecológica al mismo tiempo que se brinda la oportunidad de practicar el lenguaje escrito. Sugiera a los estudiantes que escriban un número mínimo de preguntas adicionales (2 o 3). Puede si lo desea ampliar la actividad haciendo que unos estudiantes lean las respuestas a sus nuevas preguntas mientras los demás intenten adivinar la pregunta de la que se trataba.

Respuesta posible

1 ¿Qué haces después de una merienda en la playa?

A Dejas los desechos en una pila ordenada. Por la noche, los empleados del ayuntamiento limpian la playa.

B ¿Qué desechos? El envoltorio del chocolate se lo llevó el viento y las colillas están en la arena porque es donde las apagaste.

C Metes todo cuidadosamente en una bolsa y te la llevas contigo hasta que encuentres unos contenedores donde puedas seleccionar los desechos.

2 ¿Qué haces por la noche?

A Busco una discoteca, ¡por supuesto! Me gusta bailar y no me perdería una noche de fiesta por nada en el mundo.

B Me tomo un café en una cafetería en el centro mientras me empapo del ambiente local y observo a los lugareños.

C Busco un lugar tranquilo y me siento a mirar el cielo estrellado.

📖 Cuaderno de ejercicios 1/2   Página 3

El ejercicio brinda a los estudiantes la oportunidad de reflexionar sobre otras alternativas para crear una cuarta opción para las cuatro preguntas del test.

Respuesta posible

1 Haces autostop o buscas a alguien que viaje hacia el mismo destino para poder compartir el coste y contaminar menos.

2 Te acercas a los lugareños, entablas conversación con ellos y les preguntas si alguien puede alojarte a cambio de alguna labor.

3 Compras algo barato en algún puesto en la calle porque piensas que los vendedores ambulantes necesitan más tu dinero.

4 Charlas con los lugareños y les pides que te recomienden lugares para visitar e intentas visitarlos con ellos.

5   Lee
Página 13

El objetivo del ejercicio es comprobar la capacidad de comprensión lectora de los estudiantes. Puede si lo desea discutir oralmente posibles terminaciones de los consejos antes de mirar las opciones ofrecidas para que de este modo puedan anticipar las respuestas.

Respuesta

2 **I**, 3 **A**, 4 **K**, 5 **D**, 6 **J**, 7 **C**, 8 **B**, 9 **F**, 10 **H**, 11 **G**, 12 **E**

6   Habla
Página 13

El ejercicio brinda la oportunidad de discutir y contrastar las opiniones propias con las de otros compañeros. Los estudiantes deben elegir los tres consejos que consideran más esenciales y en caso de no ser los mismos que un compañero, entonces deberán defenderlos. Donde sea posible, anime a los estudiantes a utilizar ejemplos ya sea propios, de conocidos o que hayan podido escuchar/ver en algún momento en los medios de comunicación. Anímelos también a usar los conectores que acaban de ver en esta página.

7   Habla
Página 13

El ejercicio tiene el objetivo socio-moral de concienciar a los estudiantes de los problemas que representa el turismo no responsable. Asimismo, los estudiantes deberán compartir sus ideas con sus compañeros de clase. Si lo desea, puede profundizar en diferentes aspectos del turismo irresponsable o discutir en pequeños grupos temas específicos como por ejemplo el abuso de los animales en el turismo, la contaminación, la masificación de zonas costeras, o el deterioro de lugares emblemáticos.

8   Escribe
Página 13

En este ejercicio los estudiantes tienen la oportunidad de resumir el tema del turismo responsable utilizando como plataforma los países en vías de desarrollo. Anime a los estudiantes a reutilizar vocabulario, estructuras y argumentos explotados en el libro del alumno y en las discusiones mantenidas en clase en lugar de crear algo completamente nuevo.

Los estudiantes de Psicología Social de la Universidad de Buenos Aires relatan sus vacaciones más memorables en una tentativa de definir lo que son unas buenas vacaciones

1   Comprensión
Página 15

Los estudiantes leen la entrada al diario referente a Lima y muestran su comprensión contestando a las preguntas.

1   El viaje duró doce horas y media.

2   En Lima visitó un monasterio y sus catacumbas y también tomó un batido de rana.

3   Le podemos aplicar este dicho porque la viajera tomó el batido de rana que es poco usual pero muy típico de Lima.

2   Lee y escribe
Página 15

Este ejercicio, al igual que los que siguen tiene tanto un objetivo cultural como lingüístico. Los estudiantes aprenden sobre la historia, costumbres y singularidad de los lugares mencionados y al mismo tiempo llevan a cabo los ejercicios de comprensión.

1   No durmió bien y/o lo suficiente.

2   Aliviar las molestias causadas por la altitud.

3   El patio se parece a los patios en los cortijos de Andalucía.

4   La riqueza y la arquitectura de la iglesia contrastan con la sencillez de los indígenas y de las paredes incas.

3   Comprensión
Página 15

Respuesta

1   Le sorprendió que algunos niños habían remado dos horas para llegar al colegio.

2   Significa rendirse. La viajera se rindió porque no hizo toda la bajada en bicicleta y acabó bajando en la furgoneta después de los primeros 20 kilómetros.

3   Se refiere a que 12.000 kilómetros cuadrados de sal parecen imposibles pero existen.

4   Vio flamencos, un tucán y un avestruz.

4   Lee
[Página 15]

Respuesta

La Ciudad del Este se parece a las ciudades europeas.

Las cataratas del Iguazú se pueden ver desde los dos países fronterizos.

Cuaderno de ejercicios 1/3
[Página 4]

El objetivo del ejercicio es que los estudiantes demuestren su comprensión del texto escribiendo cinco preguntas de comprensión.

Respuesta sugerida

¿Adónde fueron en primer lugar y cuál fue su opinión?

¿Cómo se describe el valle de los Incas?

¿Cuánto tiempo estuvieron en la selva?

¿Qué actividades hicieron en la selva?

¿Qué tenía de especial la cena mencionada?

Cuaderno de ejercicios 1/4
[Página 4]

El objetivo del ejercicio es ampliar el vocabulario de los estudiantes con el uso de sinónimos que deberían poder identificar con ayuda del contexto.

Respuesta

1 impresionante, 2 malestar, 3 miedo, 4 inverosímil, 5 miramientos

5   Comprensión
[Página 15]

El objetivo del ejercicio es consolidar el uso del pretérito pluscuamperfecto en el contexto de las entradas en el blog de las vacaciones.

Respuesta

Acción en pretérito pluscuamperfecto	Punto concreto en el pasado
Viajar doce horas y media (la viajera)	Llegada a Lima [example]
Masticar hojas de coca y beber mate (los viajeros)	La noche anterior – no poder dormir
Vivir en armonía (los indígenas)	La llegada de los conquistadores
Remar hasta dos horas (los niños)	Asistir al colegio
Recorrer 20 km (la viajera)	Cuando se dio por vencida
Perder el resto del grupo (el avestruz)	Fue visto andando completamente solo

6   Habla
[Página 15]

Se espera que con la explotación de los ejercicios relacionados con las entradas del blog, los estudiantes hayan asimilado datos e información cultural que les haya podido incitar curiosidad. Este ejercicio les brinda ahora la oportunidad de expresar sus opiniones sobre el viaje del blog y de lo que ellos interpretan como el destino ideal para pasar las vacaciones. Se sugiere que haga esta actividad en pequeños grupos.

7   Escribe
[Página 15]

El objetivo del ejercicio es que los estudiantes produzcan su propio blog sobre unas vacaciones ya sean pasadas o imaginarias.

Tres estudiante de Psicología Social consideran el voluntariado como una alternativa a las vacaciones convencionales

1   Lee
[Página 16]

El objetivo del ejercicio es familiarizar a los estudiantes con los programas de voluntariado como una vía válida de pasar sus vacaciones al mismo tiempo que se enriquecen como personas y ayudan al prójimo. Los estudiantes deben leer la información sobre los programas de voluntariado y después leer la información sobre los tres chicos, identificando el programa adecuado para cada uno.

Respuesta

Enrique – proyecto tortugas

Iker – voluntariado social

Lorena – programa de educación social

2   Escribe
[Página 16]

Los estudiantes deberán producir un pequeño párrafo parecido a los del ejercicio previo donde expliquen cuál de los programas les atrae más y porque ese es el caso.

3   Comprensión
[Página 16]

Los estudiantes leen rápidamente el texto, identificando tres elementos que verifiquen que Álvaro está contento con la experiencia que ha vivido sin reparar en los detalles.

1   Esto (terminar el programa e irse) me entristece inmensamente porque aquí me siento útil y realizado como persona.

2   Es una experiencia inolvidable que creo que todos tendríamos que hacer al menos una vez en la vida.

3   Es una experiencia espectacular y todo ha sido muy positivo.

4   Lee [Página 16]

En este ejercicio, los estudiantes deberán leer el texto más detalladamente para poder justificar si las frases son verdaderas o falsas.

1   Falso – no tenía muy claro lo que quería hacer.

2   Verdadero – tendré que irme dentro de cuatro semanas.

3   Falso – [d]el dormitorio donde dormíamos los niños, un profesor y yo.

4   Verdadero – la falta de electricidad no quita que los niños sean felices, jueguen y se diviertan en lo que ellos perciben como una vida norma.

5   Verdadero – al vivir la realidad de otras personas menos afortunadas te sientes dichoso de haber nacido donde lo hiciste.

6   Falso – creo que el ir solo fue lo que me permitió hablar y compartir mucho tiempo con la gente de la comunidad. Creo que puedes aprender mucho más de ti mismo y de la otra cultura de esta manera.

5   Habla [Página 17]

El objetivo del ejercicio es brindar a los estudiantes la oportunidad de expresar sus opiniones personales sobre el tema del voluntariado, ya sea contribuyendo a causas locales o más alejadas del hogar.

6   Escribe [Página 17]

El ejercicio practica la destreza escrita de los estudiantes. En este caso la mayor parte del vocabulario ha sido proporcionado pero los estudiantes deberán manipularlo para convertirlo en un fragmento de diario, para lo que tendrán que poner particular atención a la conjugación de verbos y clara secuencia de los hechos.

Cuaderno de ejercicios 1/5 [Página 4]

Respuesta posible

Esta mañana me levanté a las cinco y media para poder coger el autobús escolar a la escuela. El trayecto duró una hora y cuarto como de costumbre y como siempre tuve el tiempo justo para preparar el material para las clases.

A las ocho llegaron los niños que recibí con una sonrisa en la entrada del aula y luego apoyé a los más pequeños en su clase de lengua hasta las diez cuando dejé el aula y acudí a la cocina para ayudar a preparar el almuerzo. El tiempo pasa muy rápido cuando se está ocupado y llegó la hora de comer rapidísimo. Estuve en el comedor echando una mano, repartiendo el almuerzo y ayudando a los más pequeños hasta que por fin todo el mundo volvió a clase y me quedé sola recogiendo y limpiando para dejarlo todo bien para mañana.

A las tres llegaron los niños para mi clase extra escolar. Trabajamos hasta cerca de las cinco, cuando cogimos el autobús para volver a casa. En casa hice una cena rápida porque estaba muy cansada y cené en la veranda a la luz de la luna.

A las nueve me acosté.

Repaso

1   Habla [Página 18]

El objetivo de esta página es preparar a los estudiantes para el examen oral. Los estudiantes tienen que analizar la información contenida en el cartel y después considerar sus propias experiencias personales u otras en su entorno.

Los estudiantes escriben una postal imaginaria para la que podrán utilizar ideas, vocabulario y estructuras vistas en el libro del alumno.

Respuesta sugerida

¡Hola Marifé!

El vuelo fue largo pero tranquilo aunque después el trayecto a Las Tablas fue agotador en una furgoneta abarrotada de gente.

El colegio es pequeño pero acogedor. Por las mañanas ayudo con el desayuno y después paso la mayoría del tiempo apoyando a dos niños con parálisis cerebral. Me ha sorprendido la positividad y la alegría que hay en el centro y a pesar de las dificultades y retos, es un trabajo muy ameno y gratificante.

¡Hasta pronto!

Rosa María

2 Me conecto

Área temática	Trabajo y ocio
Tema	**Medios de comunicación**
Aspectos	Personas famosas: estilo de vida Internet y redes sociales Prensa: noticias y reportajes Anuncios publicitarios
Gramática	Adjetivos superlativos (superlativos absolutos) Adjetivos demostrativos Adverbios de lugar
Tipo de texto	Anuncios Folletos Reseñas Blogs
Rincón del BI	**Teoría del Conocimiento** • ¿Qué influencia tienen las redes sociales en las formas de comunicación de los jóvenes? **Trabajo escrito** • Investiga la programación semanal de televisión de un canal hispanohablante y uno en tu ciudad y compáralos. **Oral individual** • Estímulos visuales: Fotos de anuncios publicitarios dirigidos a jóvenes. • Conversación sobre cómo la publicidad influye a los jóvenes: moda, concepto de belleza, estilos de vida, ... **Producción escrita** • En tu colegio se ha organizado un debate sobre las ventajas y desventajas de los teléfonos inteligentes. Escribe el **texto de tu presentación** con tus opiniones sobre el tema. (Escribe al menos 100 palabras).

En este tema se habla de aspectos relacionados con el cine y la televisión, así como con la creciente importancia de las redes sociales en la vida de los jóvenes. Los contenidos gramaticales se centran en los adjetivos superlativos y en los adverbios de lugar.

Las imágenes sirven para introducir a los estudiantes a los diferentes tipos de actividades que los jóvenes pueden hacer en línea hoy en día. Para introducir este tema, también se puede hablar de cómo la tecnología está cambiando y el efecto de este cambio en las vidas de la gente.

1   Introducción | Página 19 |

Respuestas

1   Me pongo al día con los programas que no he visto

2   Leo blogs de moda

3   Charlo con mis amigos y amigas en línea

4   Leo las noticias en la página web de *El diario*

5   Sigo mis famosos y famosas favoritos en las redes sociales

6   Compro cosas en línea

7   Miro la página web de *La Voz* y *el Factor X*

8   Leo y mando correos electrónicos y mensajes

2   Lee | Página 19 |

Los estudiantes tienen que categorizar las actividades en línea según su importancia.

Pedro y Lupe quieren saber más sobre las famosos y famosas españoles que aparecen en nuestras pantallas

Esta actividad sirve para introducir los estudiantes al mundo de famosos y famosas, sobre todo las estrellas de cine. Da la oportunidad de introducirles a los actores y cantantes españoles o latinoamericanos y se puede tener una discusión sobre los que conocen.

1 Investiga

Página 20

Esta actividad sirve para ayudar la comprensión del artículo sobre Penélope Cruz y Javier Bardem y a la misma vez, da la oportunidad de hacer una investigación sobre más gente famosa de España o Latinoamérica.

En la parte 3 de esta actividad, se puede animar a los estudiantes con una pequeña competición. Por ejemplo, se puede dar un premio al estudiante o a los estudiantes con la lista más larga de actores y cantantes hispanohablantes que conocen.

2 Lee

Página 20

Respuestas

1 E, 2 D, 3 F, 4 A, 5 B, 6 C

3 Lee y escribe

Página 20

Respuestas

1 julio

2 familiares

3 2010

4 a mi amiga, compañera, mi amor. Penélope, te debo muchas cosas y te quiero mucho

5 primer

4 Lee y escribe

Página 2

Respuestas

1	en secreto	H	en privado
2	el casamiento	I	el matrimonio
3	las Bahamas	A	islas del Caribe
4	sus familiares	B	su familia
5	de noviazgo	C	de ser novios
6	la pareja	J	los dos

 Cuaderno de ejercicios 2/1 Página 5

Respuestas

1 conocida, 2 famoso, 3 escalofriante, 4 graciosa, 5 triste, 6 deseados

 Cuaderno de ejercicios 2/2 Página 5

Respuestas

1 Antonio Banderas es famosísimo por todo el mundo.

2 Penélope Cruz es guapísima.

3 Belén Rueda es una actriz buenísima.

4 Pienso que Shrek es una película graciosísima.

5 Creo que Mar Adentro es una película aburridísima.

6 Los actores españoles son importantísimos para el mundo cinematográfico.

5 Lee

Página 21

Respuestas

Nombre: Antonio Banderas	Nombre: Belén Rueda
Nacionalidad: español	Nacionalidad: española
Donde vive: Hollywood, Estados Unidos	Donde vive: Madrid
Información sobre su familia: divorciado de Melanie Griffith, una hija	Información sobre su familia: dos hijas
Películas en que sale: *La máscara del Zorro*, *Shrek*, *Evita*, películas de Almodóvar	Películas en que sale: *Mar Adentro*, *El Orfanato*
Otra información: nació en 1960	Otra información: actriz en programa de televisión Los Serrano

6 Investiga

Página 21

Aquí los estudiantes tienen la oportunidad de investigar sobre un cantante y encontrar información sobre su vida y su trabajo. Algunas personas posibles son, por ejemplo, Jennifer Lopez, Marta Sánchez, Enrique Iglesias, David Bisbal.

7 Habla

Página 21

Los alumnos tienen que hablar sobre el cantante que han investigado en el paso 6. Deben compartir su nombre, su nacionalidad, dónde vive, sus canciones famosas y cualquier otra información.

8 Escribe

Página 21

Los alumnos tienen que usar la información del paso 5 para escribir un blog sobre este cantante. El blog se dirige a un público joven y tiene que incluir información personal, dónde vive, por qué es famoso/a y algo sobre su familia. Tiene que dar también su opinión sobre la música de esta persona y tienen que usar por lo menos dos superlativos en el texto.

Pedro y Lupe hablan de un programa de tele-realidad muy popular

1 Introducción [Página 22]

Este anuncio da la oportunidad de hablar de cómo han cambiado los medios de comunicación recientemente y de cómo la gente usa plataformas de *microblogging* como *Twitter* o *Instagram,* que también usan las empresas como una herramienta para hacer publicidad.

Respuestas

- #lavozespaña Me encanta este cantante del equipo de Malú – ¡tiene una voz preciosa! – positivo
- Esta chica canta superbién – tienen que elegirla #lavozespaña – positivo
- Estoy viendo #lavozespañola – tiene una voz impresionante – positivo
- ¿Por qué el juez ha elegido a este tío? ¡No lo entiendo! ¡Qué malo es! #lavozespañola – negativo
- Comienzan las castings de otra edición de #lavozespañola. En este enlace hay instrucciones http://www.telecinco.es/lavoz/ – publicidad
- Varios medios de comunicación confirman que Laura está entre los 4 jueces de este Reality #lavozespañola – publicidad
- El chico en #lavozespañola no canta nada bien. ☹ – negativo
- No te pierdas a Ricky Martin – aparece en #lavozespañola este miércoles a las 21.00 - publicidad

2 Investiga [Página 22]

Los alumnos tienen que buscar información sobre el programa La Voz en su país, ya que este programa existe en varios países. Si el programa existe, los alumnos tienen averiguar hechos sobre el programa: ¿desde cuándo se emite? ¿Cómo se llama el programa? y ¿Quién ganó la última edición? Luego tienen que dar su opinión sobre los programas de talento.

Cuaderno de ejercicios 2/3 [Página 6]

Respuestas

Horizontal		Vertical	
1	la tele-realidad	1	la voz
4	el cantante	2	emitir
7	el mentor	3	los medios de comunicación
8	el concursante	5	el concurso
		6	el equipo
		9	el jurado

3 Comprensión [Página 22]

Respuestas

1 **D**, 2 **C**, 3 **H**, 4 **B**, 5 **A**

Cuaderno de ejercicios 2/4 [Página 7]

Respuestas

1 esta, 2 esa, 3 Estas, 4 Estos, 5 Aquel, 6 Esos

4 Lee [Página 23]

Respuestas

@Tele5: ¿Qué opináis sobre los programas de tele-realidad?

@SeñorComercio: Esta noche empieza la nueva serie de *El Aprendiz*. No me la voy a perder. Quizás me apunte a la próxima….

@arantxa: No me gustaría vivir en una isla sin mis cosas personales como lo hacen en *Supervivientes*. Sería una pesadilla. Me parece que aquellos concursantes que participan tienen una vida muy dura.

@bailarin: *Bailando con las Estrellas* es mi programa favorito porque hay que tener mucho talento para continuar en la competición cada semana. Además, esos jueces también son muy expertos.

@teleadicta77:¡Vaya! Estos concursantes de la nueva edición de *Factor X* son supermalos. No sé por qué sigo mirando este programa.

@j0segarcia: Yo prefiero ver los *"reality shows"* que intentan ayudar a los concursantes a mejorarse, como *Cuestión de Peso*. Me hace pensar que yo también puedo conseguir mis sueños.

5 Habla [Página 23]

Los alumnos tienen que hablar con un/a compañero/a de clase, respondiendo a las preguntas siguientes, usando por lo menos tres adjetivos demostrativos en su conversación:

¿Qué opinas de los programas de tele-realidad?

¿Te gusta ver este tipo de programas? ¿Por qué?

¿Crees que algunos programas de tele-realidad son mejores que otros? Explica por qué.

6   Lee y escribe   [Página 23]

Respuestas

1 internet – positiva, 2 tele-realidad – negativa,
3 tele-realidad – positiva, 4 internet – negativa,
5 internet – negativa

7   Escribe   [Página 23]

Los alumnos tienen que escribir tres tweets (mensajes cortos de no más de 140 caracteres) dirigido a su programa favorito, expresando su opinión sobre un episodio que se ha emitido recientemente.

Pedro quiere leer algo. Lupe le pregunta qué prefiere leer

1   Introducción   [Página 24]

Los alumnos tienen que mirar las portadas de periódicos y revistas diferentes y usarlas para hablar sobre lo que les gusta leer. Tienen que responder a las preguntas siguientes:

¿Cuál de ellos te gustaría leer? ¿Por qué?

¿Qué tipo de periódicos o revistas lees? ¿Con qué frecuencia?

2   Lee y escribe   [Página 24]

Respuestas

Cocina	Deportes	Música	Noticias	Política	Viajes
Cocina	As, Bicicleta, Marca, Planeta, Running	Ruta 66, Metal Hammer	- ABC, El Mundo, El Periódico, La Razón, La Vanguardia	La Izquierda	De Viajes, Travel

Otras categorías posibles que no aparecen en este ejercicio incluyen, por ejemplo: arquitectura y diseño, cultura, economía, moda, prensa rosa (o prensa del corazón), etc.

3   Habla   [Página 25]

En grupos de dos, los alumnos hablan entre sí sobre lo que leen. Tienen que hacer y responder a las preguntas siguientes:

A ti, ¿te gusta leer?

¿Qué lees?

¿Cuándo lees?

¿Prefieres leer revistas o periódicos?

¿Y tus padres? ¿Qué prefieren?

¿Cómo los lees?

4   Lee   [Página 25]

Manuel – libros

Isabel – libros (novelas románticas) y revistas

Carina – el periódico

5   Comprensión   [Página 25]

Respuestas

1   Verdadero – lee libros en su tableta, piensa que es muy útil bajar los libros directamente.

2   Falso – nunca lee los periódicos. En su opinión son aburridos.

3   Falso – le encantan las historias románticas.

4   Falso – le gustan las revistas de moda y de música.

5   Verdadero – lee el periódico en el autobús de camino a la oficina.

6   Verdadero – solo le gustan los artículos de cultura y las cartas al director.

6 Investiga
Página 25

Los alumnos tienen que pensar en los nombres de los periódicos y revistas que conocen de su país y categorizarlos en la tabla de paso 2.

7 Lee
Página 25

Respuestas

ChicoCultural – ★★★

ModaGirl – ★★★★

Casadelibro – ★★

LibroAdicto – ★

8 Escribe
Página 25

Los alumnos tienen que escribir una crítica de un libro que han leído recientemente.

En todas partes aparecen anuncios

1 Introducción
Página 26

Los alumnos tienen que leer el vocabulario en la 'nube de palabras' que trata de la publicidad. Deben hablar con un/a compañero/a sobre el vocabulario y de lo que entienden y si no entienden alguna palabra, tienen que buscarla en un diccionario.

 Cuaderno de ejercicios 2/6 Página 8

2 Escribe
Página 26

Respuestas

1   la televisión
2   la radio
3   los periódicos
4   las revistas
5   el internet
6   los folletos
7   las vallas

3 Escribe
Página 26

Respuestas

Tipo de publicidad	Lugar de publicidad
Correo electrónico no deseado	Vallas
	Radio
Publicidad telefónica	Marquesinas
Mensajería instantánea	Internet
Espacios publicitarios	Televisión
Regalos	Revistas
	Folletos
	Pósters
	Letreros luminosos
	Periódicos

Respuestas

1   La valla se encuentra <u>cerca</u> del supermercado.
2   <u>Aquí</u> está el periódico, <u>al lado de</u> la televisión.
3   El quiosco donde compro revistas y periódicos está <u>lejos</u> de mi casa.
4   <u>Delante</u> del colegio hay una marquesina.
5   Hay unos letreros luminosos <u>encima</u> del edificio.
6   Hay muchos anuncios <u>por todas</u> partes.
7   Los pósters están <u>detrás</u> del sofá.
8   Las revistas están <u>debajo</u> de la mesa.
9   <u>Dentro</u> de la caja hay unos folletos.

 Cuaderno de ejercicios 2/5 Página 7

Respuestas posibles

1   vallas – Se encuentran en las calles
2   radio – Se escucha
3   televisión – Se ve en el salón
4   paquetes – Se utilizan para envolver productos como la comida
5   internet – Se accede por ordenador
6   revistas – Se lee y tienen artículos y fotos. Sale en color.
7   periódicos – Se lee y salen en blanco y negro normalmente.
8   folletos – Las empresas utilizan estos.

4 Escribe
Página 27

Los alumnos tienen que escribir cinco frases para describir con un adverbio de lugar donde se puede encontrar diferentes tipos de anuncios. Ejemplo: Las vallas de anuncios están cerca de las carreteras.

5 Lee
Página 27

Los alumnos tienen que leer los diez elementos claves de una publicidad efectiva.

6 Lee y escribe
Página 27

Los alumnos tienen que colocar los diez elementos claves de una publicidad efectiva en el orden de importancia, según ellos.

7 Escribe
Página 27

Los alumnos aquí tienen la posibilidad de exponer sus propias ideas o de usar el vocabulario de los ejercicios uno y dos.

8 Habla
Página 27

Los alumnos deben hablar sobre el mensaje social que el anuncio da. La imagen trata del hecho de que el tabaco es muy adictivo y es como una droga. Las preguntas que tienen que discutir son:

¿De qué trata este mensaje social?

¿Crees que es bueno? ¿Por qué?

¿Cuál es tu anuncio o mensaje social favorito en este momento?

¿Por qué te gusta tanto?

¿Hay algún anuncio que no te guste? ¿Por qué?

¿Crees que hay demasiados anuncios hoy en día?.

9 Lee
Página 27

Respuestas

1 verdadero – El anuncio trata de un "videojuego nuevo".

2 falso – El anuncio salió "en la tele ayer".

3 falso – La chica dice: "Me parece muy malo/Era muy violento".

4 falso – Dice: "mi hermano menor lo quiere".

5 verdadero – El chico dice "lo voy a comprar".

10 Escribe
Página 27

Los alumnos tienen que escribir un párrafo con su opinión sobre si hay demasiada publicidad en la televisión hoy en día. Deben usar una de las dos frases siguientes: 'Sí, en mi opinión hay demasiada publicidad en la televisión…' o 'No, a mí me parece que no hay demasiada publicidad en la televisión …'.

Las redes sociales son una manera muy fácil de comunicarse con la gente

1 Introducción
Página 28

Los alumnos tienen que escribir una lista de redes sociales que usan. Por ejemplo, Facebook, Instagram, Whatsapp, Kik, BBM, iMessage etc.

2 Lee
Página 28

Los alumnos tienen que leer las opiniones diferentes sobre las redes sociales en internet.

3 Escribe
Página 28

Respuestas

Las ventajas de las redes sociales	Las desventajas de las redes sociales
Te permite conectarte con los amigos que no ves muy a menudo	Todo el mundo puede ver la información que subes
Es posible saber lo que está pasando en el mundo	Una conexión a internet puede ser muy cara
Se puede compartir información de una manera más rápida	La gente siempre está conectada a una pantalla
Tienes la oportunidad de compartir tu vida	Es peligroso porque cualquier persona puede acceder a tus detalles personales
Las noticias están disponibles a todas horas	La gente usa las redes sociales simplemente para decir lo que toma para el desayuno

4 Habla y escribe
Página 28

Los alumnos tienen que hablar con un/a compañero/a sobre las ventajas y desventajas de internet e intentar pensar en otros puntos de interés.

5 Habla [Página 28]

Los alumnos tienen que hacer las preguntas siguientes para hablar un poco sobre su uso de internet:

¿Cómo te conectas a internet?

¿Qué aparatos usas?

¿Tu manera de usar internet ha cambiado mucho en años recientes?

¿Piensas que es posible vivir sin internet hoy en día?

6 Comprensión [Página 29]

Respuestas

1 **B**, 2 **C**, 3 **A**, 4 **A**, 5 **B**

7 Escribe [Página 29]

Los alumnos tienen que diseñar un póster con consejos sobre cómo estar seguro/a en línea para los colegas del instituto, usando la información del articulo.

8 Escribe y habla [Página 29]

Los alumnos tienen que completar un sondeo en clase sobre el uso de internet, completando la tabla siguiente, como el ejemplo de Jorge:

Nombre	¿Cómo te conectas a internet	¿Cuándo usas internet?	¿Para qué?	¿Página web o aplicación favorita?
Jorge	Teléfono inteligente y portátil	Todos los días	Correo electrónico Redes sociales Buscar información Hacer compras	Twitter Google

9 Escribe [Página 29]

Los alumnos tienen que escribir una entrada para un blog de un club de tecnología del instituto sobre los medios de comunicación populares entre los jóvenes. Deben usar la información del sondeo que han completado en el paso 8.

Repaso

Las películas y la comunicación

1 Introduction [Página 30]

En esta última actividad, los estudiantes tienen la oportunidad de combinar elementos de lo que han estudiado en la unidad y trabajar en grupos sobre una idea para una película con algunos actores famosos. Tiene que considerar los papeles, la publicidad de la película y cómo usar las redes sociales para promocionar la obra. Luego, pueden trasladar esta información a una película que existe y también escribir un comentario sobre una película que hayan visto recientemente.

3 Educación para todos

Área temática	Educación para todos
Tema	**El individuo y la sociedad**
Aspectos	Sistemas educativos del mundo y escuelas del mundo. Planes de estudios Movilidad estudiantil y becas Elección educativa y oportunidades Igualdad educativa La importancia de la educación Carreras y planes futuros
Gramática	Usos del futuro simple (repaso) Expresar opiniones (subjuntivo) Condicional simple Oraciones condicionales *si* + presente + futuro en la oración principal Oraciones temporales
Tipo de texto	Artículo de periódico Entrevista Petición en línea Presentación de un póster Gráfico Contribución a un foro
Rincón del BI	**Teoría del Conocimiento** • ¿Aprender o aprender a aprender? ¿Qué es más importante? **Trabajo escrito** • Investiga y compara las actitudes que tienen diferentes culturas hacia la educación y su importancia y su reflejo en los sistemas educativos. **Oral individual** • Estímulos visuales: Fotos de clases en diferentes ambientes: escuelas públicas, privadas, urbanas, rurales, solo de chicos/as, coeducacionales, ... • Conversación acerca de las ventajas e inconvenientes de los diferentes tipos de escuelas y preferencias del estudiante. Comparar su escuela ideal con la escuela actual: ¿Qué dejaría y qué cambiaría? **Producción escrita** • Quieres mejorar tu nivel de español y has decidido hacer un curso de lengua y cultura en un país hispanohablante. Escribe una **carta al director** del centro educativo para expresar tu interés en los cursos que ofrecen y pidiendo información sobre los horarios, niveles, alojamiento, actividades culturales y precios. (Escribe al menos 100 palabras).

Esta unidad está dedicada en los retos de la educación en un contexto internacional y local. El contenido gramatical se centra en el uso de diferentes tiempos y modos verbales en relación a funciones lingüísticas relacionadas con este tema.

Las imágenes y el lema de la campaña Yo voto por la educación, ¿y tú? sirven para presentar y sugerir información sobre el tema general. Primero, los estudiantes describen las imágenes con su ayuda y con la ayuda de las expresiones en el ejercicio. Con este paso se busca que el estudiante se fije en características y necesidades de las personas representadas en las imágenes relacionadas con la educación. Por ejemplo, la persona discapacitada en la silla de ruedas y su derecho a la educacion, educacion para todos.

1   Habla Página 31

Respuesta abierta: *los estudiantes describen e interpretan las imágenes con la ayuda de las expresiones dadas. Ejemplo: El niño de la mano de su maestro significa que todos los niños necesitan tener un maestro.*

Si visita la página de la Campaña Mundial por la Educación (CME)

(http://cme-espana.org/ovotoporlaeducacion/)

podrá obtener información concreta para cada una de las imágenes.

No hay respuestas correctas o incorrectas; el objetivo de este ejercicio es que los estudiantes comiencen a explorar el tema de la educación para todos. Por ejemplo, los estudiantes pueden construir frases como estas:

- El niño de la mano del profesor significa que todos los niños necesitan profesores.

- El hombre en la silla de ruedas también tiene derecho a la educación.

- La chica con uniforme de camuflaje representa a las personas que viven en países donde hay guerra. Ellos también tienen derecho a la educación.

- La joven tocando el tambor significa que todos tienen derecho a continuar y completar la educación secundaria.

- Los chicos montados en una llama representan el respeto a las otras culturas y tradiciones.

- El hombre con un micrófono muestra que todos tienen algo que decir respecto a la educación y hay que respetar la diversidad.

2   Lee Página 31

Después del ejercicio 1 en el que los estudiantes se acercan al tema de la educación para todos a través de las imágenes de la campaña de CME, en este ejercicio emparejan las imágenes con los aspectos que representan. De esta manera comienzan a recibir y autilizar vocabulario y expresiones que les serán útiles a lo largo de la unidad para tratar sobre este tema.

Respuesta

1 **B**, 2 **F**, 3 **C**, 4 **D**, 5 **A**, 6 **E**

La importancia de la educación

1   Comprensión Página 32

Con la lectura del artículo sobre la película *El aula vacía*, los estudiantes aprenden sobre algunos problemas en América Latina que podrían ser solucionados, o al menos aliviados, con la educación. El primer ejercicio de comprensión invita a los estudiantes a fijarse en las características del texto para poder clasificarlo.

Respuesta

C   Es un artículo de periódico porque expone de forma clara un tema (la educación en América Latina a través de una película – documental) que el autor (Gador Manzano) conoce bien. Además de informar, el autor tiene una intención. Formalmente, hay un titular (¿Puede una película mejorar la educación en América Latina?) y una entradilla que se distingue tipológicamente del texto y que presenta de forma clara y concisa la información (El documental *El aula vacía* intenta ser un aviso a los gobiernos y a la sociedad civil sobre la deserción escolar).

2   Lee e investiga Página 32

En esta actividad los estudiantes van a buscar un mapa de América Latina con el fin de identificar los países que se mencionan en el texto y, a la vez que localizan los países y apuntan sus nombres, escribirán los problemas que se resaltan en *El aula vacía* para cada uno de los países. Al comparar sus mapas con los de sus compañeros reforzarán la información registrada en los mismos.

Este ejercicio se podría también presentar como un mini proyecto en el que los estudiantes colaboraran en la elaboración del mapa, localización de los países mencionados en el artículo y, como extensión, recogida de datos relativos a la educación y / o a los problemas que se mencionan para cada país. La comparación con la situación en los países de los estudiantes sería un aspecto más a tocar.

3 Lee y escribe Página 32

Este ejercicio de lectura ayuda a practicar la técnica de uno de los ejercicios de comprensión lectora del examen. Insista en la justificación de todas las respuestas, tanto las respuestas verdaderas como las falsas.

Respuestas

A Falso. Justificación: Hay suficientes aulas, pero, en las aulas de América Latina no están la mitad de los jóvenes que deberían estar.

B Verdadero. Justificación: Mariana Chenillo, desde México, retrata los obstáculos a los que se enfrentan los jóvenes con discapacidades.

C Verdadero. Justificación: El colombiano Carlos Gavira también trata sobre la deserción escolar, la violencia y el acoso escolar.

D Falso. Justificación: La educación puede prevenir la violencia, aunque paradójicamente, haya violencia en algunas aulas.

E Falso. Justificación: *El aula vacía* busca ayudar a solucionar el problema de deserción escolar para que los jóvenes acaben más formados.

Repaso de gramática

Invite a los estudiantes a leer y repasar el futuro simple y sus usos. Si el tiempo lo permite, haga algún juego repasar la morfología o pídales que construyan frases con los distintos usos del futuro.

- El futuro de verbos regulares e irregulares de las tres conjugaciones.
- Usos del futuro simple.

Cuaderno de ejercicios 3/1 Página 9

En este ejercicio se practica la formación del futuro simple de verbos regulares e irregulares en sus diversos usos practicando vocabulario sobre educación.

Respuestas

1 publicará, 2 dejará, 3 entenderán, 4 serán, 5 podrán, 6 habrá, 7 serán.

Cuaderno de ejercicios 3/2 Página 9

Los estudiantes practican las formas de futuro haciendo predicciones sobre los colegios del futuro usando los verbos dados.

Respuesta

¿Cómo serán los colegios del futuro?

Los colegios del futuro *serán* muy distintos a los de ahora. En los colegios del futuro no *habrá* muchas aulas; *tendrán* pocas aulas, pero muy grandes. No *tendremos* profesores, sólo salas con ordenadores con la última tecnología. *Podremos* escuchar podcasts, ver vídeos y utilizar juegos educativos interactivos. Imagino

que no *será* necesario tener una biblioteca con libros y libros de referencia, así que, ese espacio *estará* destinado para una gran sala de juegos interactivos. No *haremos* deberes en casa ni nosotros *tendremos* que ir al colegio todos los días. Y, por supuesto, no *habrá* que llevar uniforme.

4 Escribe Página 33

Los directores de *El aula vacía* expresan suposiciones e hipótesis sobre el futuro de los jóvenes en sus países respectivos. Pida a los estudiantes que lean primero los verbos del recuadro y, después, encuentren el contexto para su uso en futuro.

Si los estudiantes han hablado de la educación en sus propios países en algún momento, puede también pedirles que formulen hipótesis sobre sus países usando el futuro.

Respuestas

1 tendrán, 2 habrá, 3 jugará, 4 se enfrentarán

5 Escribe Página 33

Este ejercicio de escritura tiene como objetivo la lectura e interpretación de datos en gráficos con el fin de incorporarlos a ejercicios de escritura sobre educación. Los gráficos aportan cifras sobre uno de los problemas más generalizados en muchos países, y de especial gravedad en España y América Latina, la deserción escolar en la secundaria. Invite a sus estudiantes a reflexionar sobre las razones por las que los estudiantes dejan la educación secundaria.

Puede dividir la clase en dos grupos para que cada uno escriba sobre uno de los gráficos. Las preguntas servirán de guía a los estudiantes, pero pueden plantearse otras cuestiones sobre los gráficos. Al final, una puesta en común ofrecerá suficiente información y ejemplos para todos.

Respuestas posibles

(Gráfico 1)
El porcentaje de estudiantes entre 18 y 24 años que no finalizaron con éxito la primera etapa postobligatoria (bachillerato o formación profesional) en 2011 fue del 26,3%, mientras que la media europea fue un 14,4%. No es un buen dato, pero es una mejora comparado con el 40% de abandono temprano en 1992.

(Gráfico 2)
En las comunidades autónomas los datos de 2010 son tan variables como un 12,8% en el País Vasco y un 36,7% en Baleares. Entre los años 2008 y 2010 se redujo el abandono escolar temprano en casi todas las Comunidades Autónomas, excepto en Asturias y Cantabria. Las tres comunidades con una tasa de abandono escolar más bajo son el País Vasco, Navarra y Asturias, mientras que Ceuta y Melilla, Baleares y Murcia tienen un abandono escolar más alto.

6   Investiga y habla   `Página 33`

Anime a sus estudiantes a informarse sobre el abandono escolar en sus países y a presentar los datos (puede pedirles también que elaboraren un gráfico) y explicar las causas a sus compañeros. Si en su grupo tiene varias nacionalidades, pude agrupar a los estudiantes por nacionalidad.

¿Cuál es el mejor tipo de escuela?

Con este foro de discusión se intenta presentar diversas formas de expresar opinión sobre distintos tipos de escuela. Aunque algunos detalles parezcan triviales, como es el caso del bocadillo de la merienda, las entradas al blog ofrecen características de distintos tipos de escuela.

La nota cultural sobre distintos tipos de centros educativos en el Mundo Hispano presenta información general sobre las escuelas públicas y privadas. Tome esta oportunidad para que los estudiantes hablen y comparen los diferentes tipos de escuelas en sus países. Anímeles a presentar las características de cada tipo de escuela.

📖 Cuaderno de ejercicios 3/3   `Página 10`

Con el fin de practicar la expresión de opinión a través de una entrada de blog, los estudiantes escribirán sobre los aspectos dados. Haga que se fijen en las características formales y de texto de una entrada de blog.

Respuesta posible

RAFAEL, 16, Madrid	Ahora estoy terminando el último curso de la educación obligatoria en un instituto público de Madrid (la ESO) y seguro que aprobaré todas las asignaturas con buenas notas. Y, ¿ahora qué? Bueno, algunos de mis amigos de la ESO van a hacer algún módulo de Formación Profesional (FP) de electrónica, diseño, hostelería, o algo así. Yo voy a hacer Bachillerato en la rama de Humanidades y Ciencias Sociales porque siempre me ha gustado la economía y me gustaría estudiar Empresariales en la universidad cuando acabe los dos años del Bachillerato.

1   Comprensión   `Página 34`

Con esta actividad de comprensión lectora los estudiantes se han de fijar en las expresiones de opinión que aparecen en el foro.

Respuestas

1   *Mar y Martín. Mar dice "Estoy convencida de que aprender otros idiomas y culturas ayuda a entender y a respetar a los otro" y Martín dice "Pienso que al aprender francés, aprendo también tolerancia y respeto a los demás".*

2   Ramón dice: "Tenemos jornada continua, empezamos a las 8:00 y terminamos las clases a las 2:30, es un día un poco largo".

3   Martín dice "En mi opinión, es necesario tener la educación de los valores religiosos también en la escuela".

4   Mar y Ramón. Mar dice "los profesores colaboran con las familias en actividades y proyectos" y Ramón dice "La mayoría de los profesores participan y colaboran en proyectos extraescolares".

5   Ramón: "Los menús del instituto son siempre iguales y me aburro de comer siempre lo mismo".

2   Escribe y habla   `Página 35`

Pedir a los estudiantes que preparen 10 preguntas basadas en el foro para el resto de la clase es una buena técnica de estudio y de reflexión sobre un texto. A menudo los estudiantes no tienen la oportunidad de formular preguntas.

Algunas preguntas que podrían formular:

1   ¿Cuántas horas de clase hay en un colegio privado en México DF? Hay unas 9 horas en un programa a tiempo completo y con lengua adicional.

2   ¿Qué material escolar se necesita en una escuela Waldorf? No se necesitan ni libros ni material escolar convencional.

3   ¿Cuál es la base de la educación Waldorf? El arte, la libertad y la creatividad como base para educar al individuo.

4   ¿Qué es un centro de educación laico? Es un centro donde se respeta la libertad de conciencia y no se dan / imponen clases de religión.

5   ¿En qué consiste la jornada continua en un centro de secundaria en España? Las clases son de 8:00 a 14:30.

6   ¿Qué es un instituto bilingüe hispano-británico? Es un instituto con un currículo integrado hispano-británico.

7   ¿Cuántos años tiene la educación secundaria general en México? Tres.

8   ¿Qué programas hay en un colegio privado mexicano? Matutino, vespertino, con lengua adicional y con servicio de alimentación.

9   ¿Qué beneficios tiene aprender idiomas? Aprender a respetar a los demás.

10   ¿Qué problema puede tener el servicio de comedor? Menús aburridos.

Gramática: Expresar opiniones y valorar

Las expresiones de opinión parecen sencillas con la distinción de oraciones afirmativas (creo que / me parece que / estoy convencida de que…) y oraciones negativas (no creo que / no me parece que / no estoy convencida de que …). Es importante sin embargo que los estudiantes se familiaricen con el uso de indicativo y subjuntivo, y que además conozcan bien la morfología del presente de subjuntivo de verbos regulares e irregulares.

Cuaderno de ejercicios 3/4 `Página 10`

En este ejercicio, además de practicar las expresiones de opinión con indicativo y subjuntivo, se trabaja la sintaxis de la frase al tener que colocar todos los componentes en el orden más apropiado.

Respuesta

1 Me parece que las personas mayores **dan** demasiada importancia al tipo de centro.

2 No me parece justo que la educación bilingüe **sea** solo para unos pocos privilegiados.

3 Para mis padres, solo la educación religiosa **ofrece** educación en valores.

4 No estoy convencida de que la educación privada en mi país **funcione** bien.

5 Creo que los profesores **están** bien formados, pero hay pocos recursos.

3 Lee y escribe `Página 35`

La lectura de las entradas del blog fijándose en las estructuras para expresar opinión y las formas verbales utilizadas, refuerza el aprendizaje y uso de las mismas.

Respuestas

Pienso que es importante que la familia **colabore.**

Creo que …

Estoy convencida de que …

No dudo que **haya** otros tipos de escuelas buenas,

….para mí, …

No creo que **exista** una única religión

Pienso que…

En mi opinión, …

Me parece que …

4 Habla `Página 35`

Ahora los estudiantes tienen al oportunidad de llevar a cabo una práctica más libre opinando y valorando de forma personal los distintos tipos de escuela.

Recuérdeles que en el cuadro de gramática tienen varias expresiones que pueden utilizar.

Respuesta libre

5 Escribe `Página 35`

Es el momento de enviar una contribución personal al foro. Puede recoger todas las contribuciones de forma anónima e invitar a los estudiantes a adivinar de quién es cada entrada. También puede pedirles elaborar una entrada en conjunto a partir de las distintas opiniones leídas.

Respuesta libre

Movilidad estudiantil: intercambios y acogida de estudiantes extranjeros

1 Lee y escribe `Página 36`

Este es un ejercicio de comprensión de vocabulario en contexto.

Respuestas

1 **A**, 2 **A**, 3 **B**, 4 **B**, 5 **B**, 6 **A**

Gramática: Oraciones temporales I

Antes de ver el cuadro gramatical, usted podría presentarles los ejemplos con el fin de que deduzcan el significado de los conectores temporales. Si les pide esquematizar el uso de estos conectores temporales en una línea del tiempo, los estudiantes podrán verlos de forma muy clara.

Cuando + indicativo (presente y pasado): *Cuando acaba el curso, los estudiantes reciben las notas.*

Al + infinitivo (acción generalmente puntual anterior a otra): *Al ver la información, decidí llamarte.*

Mientras + presente o pasado (acción continua y simultánea a otra): *Mientras vamos a clase, te cuento qué pasó. Mientras esperamos, leemos el periódico.*

Antes de / después de + infinitivo (acción que sucede antes o después de otra): *Iré a la biblioteca antes de ir a clase. Después de comer, voy a leer un rato.*

Cuaderno de ejercicios 3/5 `Página 10`

Un ejercicio que requiere, de nuevo, manipulación de la lengua.

Respuestas

1 Cuando mi colegio hace un intercambio con un colegio de Guatemala, los estudiantes se alojan con familias guatemaltecas.

2 Al hacerse pública la lista de las familias anfitrionas en la página web, envié un correo electrónico a mi familia.

3 Después de pagar el viaje, recibirás confirmación por correo electrónico.

4 Antes de ir a estudiar a otro país, los estudiantes deberían solicitar el carné de estudiante internacional.

5 Mientras que nosotros estudiamos en un colegio de Asturias, los estudiantes de alemán estudian en Berlín.

6 Nuestro colegio hace intercambios con América Latina desde hace 10 años.

7 Desde el 2010 he ido todos los años a estudiar a España en verano.

8 Desde que leo en español regularmente, he aprendido mucho vocabulario.

9 Hace cinco años que mi hermana estudia español en el colegio, pero todavía no ha estado en ningún país hispano.

2 Lee y escribe Página 37

Completar el resumen de una entrevista con expresiones de tiempo resultará, sin duda, muy provechoso.

Respuesta

1 desde hace, 2 antes de, 3 al, 4 mientras, 5 después de

Gramática: Oraciones temporales II

Los conectores temporales que aquí se presentan son esenciales para localizar a alguien o algo en el tiempo. Haga que se fijen en los usos de *desde, desde hace y desde que.*

3 Lee y escribe Página 37

Este ejercicio contextualiza en un breve texto el uso de marcadores temporales. Al contestar las preguntas de comprensión, los estudiantes se fijarán en su uso dentro del discurso. Algunos usos, como el del verbo *llevar* + tiempo, suelen ser difíciles. Practique haciéndoles preguntas a ellos.

Respuestas

1 Siete meses, desde julio a enero.

2 Se estresa cuando no entiende lo que está pasando. Hace un par de meses que ya no se estresa tanto.

3 Desde que está en Chile ha conocido a muchos estudiantes de intercambio de muchos países.

4 Sally lleva dos años estudiando español.

4 Investiga y habla Página 37

Con esta actividad, menos controlada, los estudiantes pondrán en práctica lo que han aprendido sobre voluntariado, dar opinión y conectores temporales.

La preparación de preguntas puede realizarse en parejas si usted lo considera necesario.

5 Escribe Página 37

De forma individual, cada estudiante va a escribir un artículo para la revista del colegio sobre las ventajas de una experiencia intercultural en un país de habla hispana dando ejemplos concretos para ilustrar las ventajas. La información obtenida en el ejercicio 15 puede ayudar.

Las Tecnologías de la Información y la Comunicación (TICs) en la educación

El blog ¿Aulas inteligentes? ofrece el contexto y la información necesaria para la reflexión y el intercambio de ideas y opiniones sobre el tema. Comience preguntando sobre el título del blog, a qué se refiere el término "aulas inteligentes", por qué son inteligentes, qué piensan ellos. Pregúnteles qué ejemplos darían ellos de las actividades que se pueden desarrollar en las aulas inteligentes. Lleve a cabo un enfoque de arriba hacia abajo ("top-down") antes de leer las entradas.

Repaso de gramática: Condicional Simple

El condicional simple, visto en las unidades 9 y 13 de Panorama Hispanohablante 1, vuelve a tratarse aquí con los usos de expresión de sugerencias, expresión de deseos de difícil realización y para dar consejos.

Limítese a su uso en las oraciones condicionales reales en presente, futuro e imperativo.

El ejercicio 3/6 les ofrece terminar las frases condicionales libremente.

📖 Cuaderno de ejercicios 3/6 Página 10

Respuestas posibles

1 Nos gustaría empezar a estudiar mandarín, pero no conozco a ningún profesor.

2 Querría solicitar una beca, pero ya se ha terminado el plazo.

3 Si no puedes escribirme un correo, intenta llamarme lo antes posible.

4 Tendría que repetir este curso, aunque no lo haré.

5 Haría más actividadesen linea después de las clases, pero no tengoInternet en casa.

6 Si puedes, ¿por qué no me buscas en la biblioteca a las cinco?

1 Lee y escribe `Página 39`

El objetivo de este ejercicio es buscar palabras o expresiones en contexto y es útil para practicar para el examen, así como para desarrollar estrategias de comprensión y expresión.

Respuestas

1 riesgos, 2 potencialidades, 3 útil, 4 motivar, 5 fascina, 6 arregla

2 Comprensión `Página 39`

Al empareja las dos partes de las frases los estudiantes están utilizando no solo su conocimiento semántico, sino también gramatical y sintáctico, muy útil cuando la comprensión del mensaje es difícil porque no conocen algunas de las palabras.

Respuestas

1 Me gustaría invitaros a nuestro colegio y a nuestras aulas. A

2 Si nos visitáis, veréis que la tableta se usa como un instrumento más, no como substitución de el aprendizaje. A

3 Sería muy peligroso pensar que la tecnología solucionará todos los problemas educativos. B

4 La tecnología es un instrumento de motivación, pero esto no quiere decir que siempre se consigan mejores resultados. A

5 La tecnología no puede solucionar todo lo que no funciona en la educación. B

3 Habla y escribe `Página 39`

Trabajo interactivo y colaborativo para desarrollar habilidades académicas útiles como la de realizar encuestas y la presentación de resultados de forma gráfica.

Respuesta libre

4 Escribe `Página 39`

Los estudiantes presentan su experiencia y opinión sobre el uso de las TIC en educación en el blog ¿Aulas Inteligentes?

Educación para todos y para todas

Presente el proyecto *La silla roja.* Puede informarse en la página web.

Utilizando este contexto, puede preguntar a los estudiantes qué significa para ellos este proyecto y si les gustaría probarlo. Enséñeles fotografías de institutos en España donde se ha llevado a cabo. ¿Pondrían ellos una silla roja en su escuela? ¿Dónde la pondrían? ¿Piensan que concienciarían a la gente?

1 Lee y escribe `Página 40`

Invite a los estudiantes a realizar una lectura rápida para identificar información muy concreta.

Respuestas

Niños y niñas; jóvenes, adultos, la población indígena, los migrantes, las personas refugiados, los desplazados

2 Habla e investiga `Página 40`

En parejas, los estudiantes van a investigar cuál es la situación en sus países. Si sus estudiantes proceden de distintos países, puede emparejarles por países. Haga una exposición de los pósters que elaboren y pídales que den una presentación a la clase. En la puesta en común, se puede realizar un ejercicio de comparación y contraste entre los países investigados.

Respuesta libre

3 Lee y escribe `Página 40`

Este ejercicio de lectura y escritura amplia información sobre programas de desarrollo y educación en América Latina. Haga que los estudiantes se fijen en el lema, a lo largo de la unidad se han encontrado con lemas. Como extensión, se les podría pedir que crearan sus propios lemas sobre proyectos de educación para todos.

Respuestas

1 Si se tiene educación, se tiene oportunidades, por eso es necesario educarse para tener oportunidades laborales y educativas en el futuro.

2 9 países en América Latina (**Argentina, Bolivia, Brasil, Ecuador, México, Paraguay, Perú, Uruguay y Venezuela**) y 4 en África.

3 Cerca de 85.000 personas

4 La *formación técnica para el empleo* es fundamental para la inserción laboral de jóvenes y adultos. Los colectivos **vulnerables** son los colectivos que sufren grandes desigualdades en estos continentes, en especial la juventud.

5 Por falta de formación.

REPASO

1 Habla y escribe Página 41

El primer paso de este ejercicio sugiere ideas sobre las que los estudiantes puede mostrar su opinión y apoyarla con experiencias personales o datos leídos durante la unidad. Esté preparado para apoyar a los que encuentren más difícil razonar sus opiniones.

El segundo paso invita a una reflexión más personal sobre algunos aspectos de la educación como son las experiencias interculturales o el voluntariado.

Respuesta libre

2 Habla Página 42

En parejas los estudiantes prepararán un póster con un lema que represente el tipo de educación que ellos quieren.

La exposición de los pósters dará pie a un debate en clase sobre cuál sería el modelo educativo ideal. Dé tiempo para que los estudiantes anoten sus ideas, ejemplos y explicaciones.

4 El trabajo escrito

Objetivos	• El trabajo escrito: entender el proceso de escritura • Elegir el tema • Documentarse • Explotar las fuentes • Desarrollar el contenido • Escribir bien • El trabajo escrito en el examen oral
Temas / Léxico	• La comida, la bebida y las fiestas. • Las vacaciones y el tiempo de ocio. • La educación y asuntos globales
Gramática / Discurso	• Conectores lógicos del discurso • Usos del subjuntivo
Rincón del BI	**Teoría del Conocimiento** • Cuándo se habla más de un idioma, ¿se tienen diferentes formas de ver el mundo en cada lengua? **Trabajo escrito** • Investiga cuáles son los estereotipos más comunes sobre las culturas hispanohablantes y los estereotipos que otras personas tienen sobre tu cultura. ¿Cómo evitar excesivas generalizaciones y apreciar la diversidad cultural? **Oral individual** • Estímulos visuales: Fotos que representen diferentes aspectos culturales del mundo hispanohablante. • Conversación sobre el impacto que la cultura tiene en las relaciones sociales en un mundo globalizado. **Producción escrita** • Un amigo tuyo hispanohablante quiere conocer alguna fiesta típica de tu cultura. Escríbele un **correo electrónico** donde le expliques el motivo de la fiesta, las fechas, los preparativos, lo que pasa durante la celebración y lo que simboliza. (Escribe al menos 100 palabras).

Esta unidad prepara a los estudiantes para las pruebas de evaluación. Para empezar, podría hacer una actividad de calentamiento para comentar las tres partes (descripción, comparación y reflexión) y los criterios de evaluación (A–F).

Las actividades del Cuaderno de ejercicios de esta unidad son un examen de práctica, por lo tanto se recomienda realizarlo al final de la unidad.

1 Observa y habla · Página 43

Los estudiantes miran las fotografías que se presentan esta unidad y sugieren y explican qué temas o subtemas del curso representa cada fotografía. Puede que alguna de ellas sugiera subtemas distintos a los estudiantes.

Respuestas posibles

La fotografía C puede representar el tema del ocio y las vacaciones o deporte y vida sana porque hay unos jóvenes jugando al vóley playa. La fotografía D puede tratar del tema de la educación porque hay un joven leyendo o estudiando con una tableta en una biblioteca.

2 Habla · Página 43

Se personaliza la discusión preguntando a los estudiantes por sus intereses en los temas del curso.

Cómo hacer bien el trabajo escrito

El trabajo escrito constituye el 20% de la evaluación total del Español ab initio. Se puntúa sobre 20 (en la página 43 de su libro, los estudiantes pueden ver los criterios de evaluación y la puntuación para cada uno).

1 Lee · Página 44

El objetivo de este ejercicio es dar respuesta a algunas de las preguntas que los estudiantes se hacen frecuentemente. Además, puede que tengan otras preguntas que no aparezcan aquí. Invíteles a hacer cualquier pregunta que les pueda surgir.

Respuestas

1 C *Tienes que elegir un tema cultural que presente las similitudes y las diferencias culturales entre tu cultura y la cultura o culturas hispanohablantes elegidas.*

2 **H** En internet, en la biblioteca, y apuntes o textos estudiados en clase.
3 A De 2 a 4 fuentes en español, es opcional utilizar otras fuentes consultadas en cualquier lengua.

4 **I** Se escribe con procesador de textos y en español.

5 **K** Un mínimo de doscientas palabras y un máximo de trescientas cincuenta palabras.

6 **B** Una copia de los materiales consultados en la lengua objeto de estudio.

7 **D** Un texto único en tres secciones: descripción, comparación y reflexión personal.

8 **G** Al menos tres datos pertinentes al tema en relación con la cultura elegida.

9 **J** Al menos dos similitudes y dos diferencias entre las dos culturas. Esta información debe extender lo ya mencionado en la descripción.

10 **F** Responder a tres cuestiones específicas y no repetir lo que dijiste en las dos primeras partes. Tus respuestas deben incluir los aspectos del tema elegido que te han sorprendido; por qué crees que existen estas semejanzas / diferencias culturales; y, qué aspectos de tu propia cultura en relación con el tema elegido pueden resultar diferentes para una persona de la cultura objeto de estudio.

11 **L** Sí, porque se pueden conseguir cuatro puntos comunicando las ideas con claridad y utilizando un lenguaje correcto.

12 **E** Es importante elegir el registro correcto y hay que incluir una bibliografía de todas las fuentes utilizadas. Utilizar al menos dos fuentes en español es un requisito fundamental. Por supuesto, se debe escribir en español.

1 Habla

En pequeños grupos o en parejas los estudiantes pueden comparar sus respuestas al ejercicio 3 antes de que el / la profesor /-a les confirme las respuestas. Esta una buena oportunidad para que los estudiantes planteen dudas y preguntas sobre la evaluación.

¿Qué tema elegir?

1 Lee y habla
Página 45

Note que la mayoría de las alternativas dadas podrían ser tema para el trabajo escrito si se tratan teniendo en cuenta las pautas de *descripción, comparación y reflexión*. Lo que se intenta con esta actividad es intentar seleccionar aquellos temas o títulos que, por su precisión hacen ver más claramente el tratamiento del tema.

Es una actividad en la que los estudiantes pueden considerar y compartir qué aspectos de los temas tratarían.

Respuesta

1 **B**, 2 **A**, 3 **B**, 4 **B**, 5 **A**, 6 **A**

Estas respuestas no son apropiadas para el trabajo escrito por las siguientes razones:

1 **A** Es un tema interesante y que podría utilizarse para el trabajo escrito, aunque tal y como está presentado es muy general. Sería mejor incluir la comparación con una de las culturas hispanas y una no hispana.

2 **B** Aunque no es uno de los temas del programa de *ab initio*, el título estaría dentro del tema de los asuntos globales. Sería necesario tener mucho cuidado al desarrollar este tema a fin de evitar generalizaciones o estereotipos culturales.

3 **A** Demasiado general, pero podría desarrollarse bien incluyendo la comparación entre culturas.

4 **A** Tema no muy claro y mal expresado.

5 **B** No cumple los criterios del trabajo escrito.

6 **B** Escritura sobre un aspecto cultural de América Latina, no hay comparación.

2 Escribe y habla
Página 45

1–2 Los estudiantes empiezan a considerar los temas que les interesan o sobre los que querrían escribir. El poder hablar sobre las posibilidades y los intereses de cada uno en clase les ayuda a aclarar sus ideas y a determinar el tema y título. Anímeles a que sugieran más de un tema y a que todos opinen y comenten sobre los títulos de sus compañeros.

¿Cómo documentarse?

1 Habla y escribe
Página 45

Las mejores fuentes para los tres primeros temas (1 Educación; 2. Rutinas diarias; 3. Salud física) puede que sean fuentes en la lengua primera de cada estudiante. Invíteles además a que repasen los documentos que tratan estos temas en Panorama Hispanohablante.

2 Habla y escribe Página 45

1 En parejas, los estudiantes elaboran una o más listas (pueden utilizar un mapa de ideas) con palabras para distintos aspectos de los temas 4–6. Pueden hacer un mapa de ideas con los subtemas relacionados y el vocabulario de cada uno.

Por ejemplo:

"Comparación entre la comida en la cultura mexicana y en mi cultura"

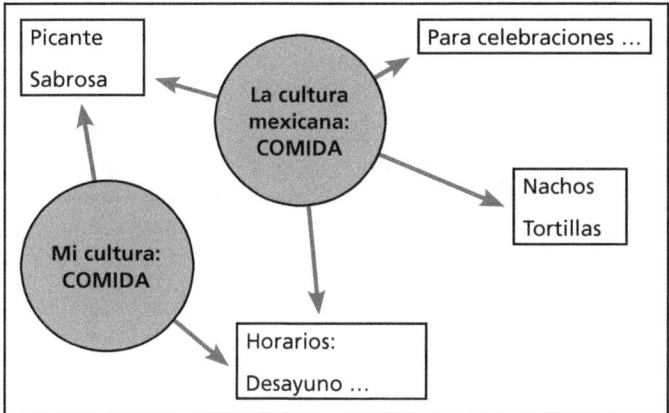

"Costumbres y hábitos de consumo / de compras / comerciales en la cultura colombiana y en la cultura del país donde resido"

En línea: billete de avión. Productos para la salud y el bienestar. Cursos de idiomas. Congresos y seminarios. Ropa y artículos para el hogar. Celulares. Entradas para espectáculos. Artículos especializados.

Venta ambulante: Empanadas, chorizos, arepas, jugos, ensaladas y hasta sopa de mariscos.

Mercados: …

Grandes superficies: ..

Supermercados tipo D1: …

"Los Reyes Magos o Santa? Efectos de la globalización en la celebración de fiestas tradicionales en la cultura española y en mi cultura"

2 Los estudiantes presentan sus fuentes en español o en cualquier otra lengua a la clase. Explican la elección de las fuentes según los criterios de fiabilidad y adecuación. Y se les anima a que parafraseen la información seleccionada de fuentes en otras lenguas.

Usar las fuentes

Los alumnos leen losn dos textos en la p. 46 del libro del alumno.

1 Lee y habla Página 47

Tras una lectura rápida de los dos textos, los estudiantes, en parejas, comentan la información que sendos textos ofrecen. El objetivo de esta primera lectura es decidir si los textos serían apropiados para el título del trabajo escrito que se les da y si la información es fiable.

Respuestas

Sí, la información es muy adecuada y útil. A MESA PUESTA es un sitio muy fiable, ya que es una revista gastronómica que encontramos en internet. Sabemos la fecha de actualización. El segundo es un blog, por lo tanto menos fiable, pero parece coincidir con la información sobre la influencia que ha recibido y recibe la comida mexicana y el autor da sus datos de contacto.

2 Lee y habla Página 47

La segunda lectura del texto tiene como objetivo identificar las ideas principales y su relevancia para el trabajo escrito. Los estudiantes extraen información más detallada sobre el tema.

Respuestas

1

1 En el primer párrafo se habla de la influencia externa en la comida de México a lo largo de su historia. Desde la época pre-hispana hasta la independencia.

2 En el segundo párrafo se habla de la influencia de los EEUU en la comida mexicana en la actualidad.

3 En el tercer párrafo se destaca la influencia española en la actualidad con el ejemplo de los montaditos, tapas mexicanas que combinan lo mexicano y lo español.

2

Respuesta posible

Las respuestas pueden variar. Entre las posibles respuestas: la comida mexicana refleja la mezcla de culturas que han formado México. La comida mexicana ha recibido la influencia de externa de muchas culturas, en ingredientes, utensilios y técnicas de cocina. La influencia de los EEUU se nota en los horarios, productos y formas. En la actualidad, la influencia española se ve en las tapas que fusionan las dos culturas.

Vocabulario útil:

la identidad cultural, los indígenas, la cultura, la cocina, ingredientes, utensilios y técnicas de cocina, mezclarse con, las especias, la influencia, productos, las tapas, los tacos, el guacamole, las ollas, los tamales.

Citas:

El antropólogo mexicano Luis Alberto Vargas comenta:

"Con la cocina norteamericana entraron nuevos productos y nuevas formas de comer."

"(en México) se come una pizza americanizada. Igual sucede con la cocina china o japonesa."

El director de la a cadena española "*100 montaditos*" explica:

"Hemos sabido adaptarnos a la cultura local añadiendo a los menús típicos españoles elementos tradicionales mexicanos como el guacamole o el pico de gallo, en pan recién horneado, crujiente por fuera y blando y suave por dentro."

Parafraseando:

Según Luis Alberto Vargas, antropólogo mexicano, el contacto con la comida norteamericana ha llevado a México nuevas formas de comer, como la pizza americanizada o la comida china o japonesa, americanizadas también.

Existe una cadena española en México llamada "*100 montaditos*" en la que, según explica su director, se pueden comer *montaditos* con ingredientes mexicanos y españoles.

3   Lee y escribe

Página 47

La segunda lectura del texto B tiene como objetivo identificar las ideas principales y su pertinencia para el trabajo escrito. Los estudiantes extraen información más detallada sobre el tema.

Respuestas

1   El párrafo primero habla de la importancia del pan en la mesa española y de cómo ha llegado a tener un lugar junto a las tortillas en las mesas mexicanas.

En el segundo párrafo se habla la huella histórica dejada en la cocina mexicana por cocinas europeas.

Respuesta posible

2   Las respuestas pueden variar. Entre las posibles respuestas: la comida mexicana refleja la influencia de la cocina española y otras cocinas del Viejo Mundo. Destaca la importancia del pan en la mesa española acompañando a todo tipo de plato y alimento. De esta manera, también es posible encontrar el pan junto a la tortilla de maíz en México, como otros muchos ingredientes del Viejo Mundo que se han ido colando en la cocina mexicana a través de las culturas en contacto en diversos momentos de la historia.

Vocabulario útil:

convivir, las tortillas, el maíz, el pan, hidratos de carbono, el bocata, tortillas, chiles rellenos, indígenas, fusión, caldillo de jitomate, piñones, pasas.

Citas:

El autor del texto B comenta:

"*Creo que si conocemos la gastronomía de una cultura podemos aprender mucho de su historia*"

Parafraseando:

Según el autor del texto, con la gastronomía se puede aprender la historia de una cultura.

4   Lee y escribe

Página 47

Respuestas

1   ¿Qué has aprendido al leer el texto?

Texto A: *La comida mexicana, mestizaje gastronómico:*

La influencia de otros pueblos y culturas en la comida mexicana, por ejemplo, los españoles, el Lejano Oriente, África y los EEUU, en los ingredientes, utensilios y técnicas de cocina. La comida mexicana es un auténtico mestizaje gastronómico.

Texto B: *Bodas gastronómicas de México y España*

La influencia y fusión de la comida española y mexicana. El pan, alimento esencial en la mesa española, se integra en la mesa mexicana junto a sus tortillas. Las tapas también han llegado a México con ingredientes españoles y mexicanos.

2   ¿Es esa información relevante para el trabajo escrito?

Texto A

Respuesta libre y personal de cada estudiante.

Texto B

Respuesta libre y personal de cada estudiante.

3   ¿Qué opinión expresa el autor o la autora?

Texto A

No, expresa opinión.

Texto B

Sí, cuando explica que los españoles comen pan con todo y al final cuando habla de la gastronomía de una cultura y la historia de una cultura.

4   ¿Cómo se explican las opiniones?

Texto A

No expresa opiniones, simplemente explica como la cadena ha sabido adaptarse a la cultura local con menús típicos, pero no da su opinión.

Texto B

Dice que le parece bien comer pan con tortillas (*"¿por qué no?"*), que a él le encanta comer pan. Y que cree que si se conoce la gastronomía de una cultura se puede aprender mucho de su historia.

5 ¿Qué partes podrías citar o parafrasear en tu trabajo escrito?

Recuerde a los estudiantes que es preferible parafrasear usando sus propias palabras. Las citas textuales no reflejan el conocimiento lingüístico del estudiante y tampoco cuentan en el cómputo de palabras. De usar citas textuales, es muy importante que estas estén bien formadas (entres comillas, dando una referencia, etc.).

Texto A

Depende de la información que el estudiante necesite para desarrollar su tema, por ejemplo, si habla de la influencia externa, podría citar o parafrasear: *"Ingredientes, utensilios y técnicas de la cocina prehispánica como ollas o tamales forman parte de la cocina mexicana en la actualidad."*

Texto B

Depende del estudiante, por ejemplo, podría citar o parafrasear: *"en una mesa mexicana conviven las tortillas, nativas de esta parte del mundo, elaboradas con maíz tratado de una manera particular, con el pan del Viejo Mundo hecho con el trigo que llevaron los españoles."*

6 ¿Qué palabras o expresiones del texto podríais volver a utilizar?

Texto A

Hay diversas posibilidades, por ejemplo: *cada cultura una cocina; la influencia externa; Ingredientes, utensilios y técnicas de la cocina … como forman parte de la cocina mexicana en la actualidad.*

Texto B

Por ejemplo: *en una mesa mexicana conviven …; elaboradas con …; han recibido influencia de…*

Citar y referenciar una fuente

1 Lee, habla y escribe   `Página 47`

Mirando los ejemplos y los consejos prácticos para escribir una cita corta se puede seleccionar cuál es la cita correcta de las tres dadas. Haga notar que en este caso se está usando una cita que viene de una fuente electrónica y que existen distintos sistemas para referenciar. A continuación le damos el sistema Harvard-APA y la forma cómo se presentan referencias de formato electrónico para que se lo presente a sus estudiantes se lo considera conveniente, le preguntan o le presentan otra forma de referenciar.

Forma de citar en el texto principal del trabajo

El estilo Harvard-APA presenta las citas dentro del texto del trabajo, utilizando el apellido del autor, la fecha de publicación y la página citada entre paréntesis. Este sistema NO requiere utilizar citas a pie de página.

El sistema funciona de la siguiente manera:

Williams (1995, p.45) sostuvo que "al comprar los desórdenes de la personalidad se debe tener en cuanto la edad del paciente".

O bien:

Un autor sostuvo que "al comprar los desórdenes de la personalidad se debe tener en cuenta la edad del paciente" (Williams, 1995, p.45).

Cuando la cita es indirecta (es decir, que no se menciona la idea del autor pero no se cita textualmente), no se coloca la página de la referencia. Se hace de la siguiente manera:

Es oportuno considerar la edad de los pacientes al estudiar los desórdenes de la personalidad (Williams, 1995).

Cómo se referencian las fuentes electrónicas en la bibliografía de un trabajo:

Según la **Organización Internacional de Normalización**, en su norma **ISO 690-2**:

Autor: Apellidos, Nombre

Título del recurso: "Entre comillas"

Tipo de soporte: [cd-rom, dvd, en línea]

Edición:

Lugar de la publicación: Editor, fecha de la publicación, fecha de la actualización, [fecha de la cita]

Dirección de la Página Web:

Si alguno de los datos no aparece, simplemente, se omite.

Ejemplo:

Peña Martín, Rosa María. "Alimentación sana", [en línea]. [25 de enero de 2016]. Disponible en la Web: http://www.profesorarosa/blogspot.com

Respuestas

La correcta es la **C**:

C Como puede verse en Contacto de culturas: Mestizaje Gastronómico: "[…] El jugo de naranja vino al desayuno mexicano desde los EE.UU. Pero con esto llegó también la hamburguesa y el hot dog o perrito caliente".

La Comida Mexicana: Mestizaje Gastronómico, [en línea] Fecha de acceso 25.01.2016 en http://eltoque.com/texto/nutricion-y-alimentacion-en-america-latina

A No se puede cambiar palabras en una cita. La correcta es:

El antropólogo mexicano Luis Alberto Vargas comenta: "Con la cocina norteamericana entraron nuevos productos y nuevas formas de comer."

1 La Comida Mexicana: Mestizaje Gastronómico. [en línea] Fecha de acceso 25.01.2016 http://eltoque.com/texto/nutricion-y-alimentacion-en-america-latina

B Se necesita poner dos puntos delante de las comillas, tras el verbo de lengua ("dice").

El autor del segundo texto dice: "Los españoles comemos pan con todo, con el pescado, con la carne, con los guisos, pero también con platos típicamente ricos en hidratos de carbono como la pasta o el arroz."

2 Bodas gastronómicas. [en línea] Fecha de acceso 25.01.2016 http://www.mexicodesconocido.com.mx/antecedentes-de-la-independencia-de-mexico.html

Desarrollo del contenido

SECCION A: La descripción

1 Lee y habla | Página 48 |

Los estudiantes leen primero los consejos para las tres partes del trabajo. Puede pedirles que al trabajar en la primera parte, piensen qué aspectos del tema podrían incluir.

Una vez realizada la actividad, los estudiantes expresan su opinión respecto a las tres respuestas, seleccionando la mejor y explicando las razones.

Respuestas

B Es la mejor descripción de 3 cosas relevantes de la cultura elegida respecto al tema tratado, "¿Cómo se coló Santa por la chimeneas españolas?" ¿Qué tradiciones están cambiando también aquí por efecto de la globalización?".

A Es una respuesta vaga y demasiado general en relación con el tema, no hay suficiente información.

C La respuesta es demasiado personal, no hay suficiente información.

2 Escribe | Página 48 |

Posible respuesta

Los sistemas educativos reflejan valores, necesidades socioeconómicas y características culturales de un país. España comparte con la UE la escolarización obligatoria entre los 3 y los 16 años (ESO). A diferencia de otros países, muchos niños van a la guardería entre 0 y 3 (primer ciclo de educación infantil no obligatoria) antes de empezar la primaria obligatoria. [57 palabras]

SECCIÓN B: La comparación

3 Lee | Página 48 |

Respuestas

Similitudes: En España y en toda Europa el comercio parece haber invadido las tradiciones más arraigadas en la cultura, por ejemplo, los niños pueden pensar en el Santa Claus que aparece en un camión de la Coca-Cola, como en los anuncios, o el "Jingle Bells" que suena en los comercios, en lugar de los villancicos tradicionales.

Diferencias: el turrón; las doce uvas, el Olentzero vasco-navarro (un carbonero que baja del monte con regalos para los niños), el Esteru cántabro (un leñador que también reparte regalos) o el Tió de Nadal catalán (un tronco de leña que defeca dulces y golosinas).

Marcadores del discurso:

a Al igual que …; tanto en … como en ..; De la misma manera, …

b Sin embargo, …; mientras que …; Otras costumbres propias

4 Escribe | Página 48 |

Respuesta libre

Cada estudiante hará una comparación con el sistema de su país.

SECCIÓN C: La reflexión

5 Lee y habla | Página 49 |

Invite a los estudiantes a la reflexión de lo que han visto hasta ahora sobre el tema. Pregúnteles qué les ha sorprendido a ellos hasta ahora y por qué. Después pueden considerar las tres opciones en parejas.

Respuestas

C Esta es la mejor respuesta pues el registro se adapta a la pregunta (primera persona del singular) y la respuesta explica y desarrolla los aspectos que más le sorprendieron.
A La respuesta es demasiado general y repite información ya conocida.
B: La respuesta es demasiado formal, no hay reacción personal, no es suficiente.

6 Escribe
Página 49

Posible respuesta

Me ha sorprendido que aunque cada cultura organiza la educación formal de diversas maneras de acuerdo con las necesidades y a las características particulares de la población, casi todas coinciden en la importancia de la educación primaria o elemental. Creo que es porque es donde los niños empiezan a adquirir conocimientos y a desarrollarse intelectualmente. Es curioso como en España muchos niños van a la guardería, primera etapa de la educación infantil de los 0 a los 3 años, etapa en la que en otras culturas se considera primordial pasarla en la familia con el fin de desarrollar aspectos afectivos y cognitivos. Son las necesidades económicas de la población española las que hacen que lleven a sus hijos a las guarderías en una etapa tan importante.

[126 palabras]

7 Lee y escribe
Página 49

Respuestas

1 ¿Qué diferencias se mencionan?

Los españoles toman doce uvas y también consumen turrones, mazapanes y polvorones que son dulces introducidos en la Península por los árabes y elaborados con ingredientes de la zona de origen (miel y frutos secos). Los europeos no consumen uvas ni estos dulces de origen árabe.

2 ¿Cómo las explicas?

Los turrones y otros dulces son parte de la herencia histórica española y, los ingredientes con los que se elaboran estos productos están muy ligados a la geografía del lugar: la producción de miel y almendra.

3 Busca dos expresiones de opinión y dos expresiones para explicar.

Opinión: Para mí; sin duda.

Explicar: Por eso; porque

8 Escribe
Página 49

Ahora pída a los estudiantes que respondan a esta pregunta sobre el tema: "¿Cómo son los sistemas educativos de España y de tu país?".

Recuérdeles que este es el mejor lugar para las citas (que no cuentan en el número total de palabras) y que deben referenciar y citar las fuentes en la bibliografía y en el texto si son citas directas.

9 Lee y escribe
Página 49

Respuesta

Las respuestas varían según el país que se elija.

A es la mejor respuesta porque desarrolla el tema y no repite lo dicho.

B es una reacción personal y esto no es lo que se pide
C repite lo que ya se ha dicho en otras secciones.

10 Escribe
Página 49

Respuesta libre

según el país que elija cada estudiante.

En el libro del estudiante aparece una versión simplificada de lo siguiente. Ayúdeles a su repaso explicando estos aspectos si lo considera necesario:

Lista para repasar el uso de la lengua

- ¿Están las palabras en el orden correcto en la oración?

  (verbos, adjetivos, adverbios, pronombres, ...)

- ¿Se necesitan artículos o demostrativos delante de los sustantivos?

  (el, la, los, las, un, una, unos, unas, este/a, estos/as, ese/a, esos/as, ...)

- ¿Has usado **las palabras adecuadas y están bien escritas?**

  (Cuidado con palabras similares en español: tenis / tennis; discutir / discuss...)

- ¿Se escriben así las palabras (ortografía)?

  (Cuidado con los acentos: tu / tú; si / sí; te / té; qué / que; está / esta ...)

- ¿Hay concordancia de género y número (sustantivos adjetivos, etc.)?

  (masculino, femenino, singular, plural)

- ¿Has utilizado la forma correcta del verbo?

  (participio, pasado, infinitivo, ...)

- ¿Has usado los verbos en el tiempo adecuado?

  (Si + visitas..., podrás ...)

- ¿Has utilizado los conectores apropiados para unir ideas?

  (Para comparar, contrastar, explicar ...)

Escribir bien

1 Lee
Página 50

Respuesta

españoles, de, comer, es, hablar, durar, ha, come, que

2 Lee y habla
Página 50

Ahora, en pequeños grupos, los estudiantes pueden encontrar otros elementos para añadir a las lista de aspectos que deben recordar y repasar. Este tipo de colaboración, les ayuda a repasar y a aprender.

Ejemplo: las mayúsculas (España, la cocina española)

3   Escribe   `Página 50`

Respuesta

Abierta. Depende de los aspectos que seleccione cada estudiante.

Organizar bien las ideas

1   Escribe   `Página 51`

Respuestas

1 esté, 2 expliques, 3 molesten, 4 sea, 5 celebremos, 6 pasemos, 7 lea, 8 escribas, 9 estén, 10 sea

2   Escribe   `Página 51`

Respuestas

1 deseo; 2 deseo; 3 duda; 4 verbo de opinión negado; 5 sentimiento; 6 deseo; 7 emoción o sentimiento; 8 esperanza; 9 duda; 10 emoción o sentimiento.

Repase las formas de presente de subjuntivo con los estudiantes si cree que es necesario. Puede hacerlo a partir de los ejemplos dados en la caja de gramática en la que se ejemplifican los usos del subjuntivo para expresar deseo o esperanza, emoción o sentimiento y duda o negar con verbos como creer, parecer o pensar. Los estudiantes pueden reflexionar sobre las formas que se usan y dar las formas de indicativo y subjuntivo para las tres conjugaciones como repaso y refuerzo. Sin olvidar los verbos irregulares en los ejemplos.

3   Lee   `Página 51`

Los estudiantes realizan esta actividad de lectura identificando las palabras y expresiones que no conocen y buscándolas en el diccionario o glosario. Puede aconsejarles que anoten los ejemplos que encuentren en el diccionario de los conectores menos familiares.

4   Escribe o habla   `Página 51`

Pude asignar distintas partes del diagrama a las parejas formadas en la clase y darles 5 o 10 minutos para cada función. Si lo cree conveniente pueden realizar este ejercicio como una competición.

📖 Cuaderno de ejercicios 4/2 a 4/7   `Página 11–13`

Los ejercicios del cuaderno constituyen una práctica guiada del trabajo escrito. La respuesta de los estudiantes es libre y personal.

5   Escribe   `Página 51`

Respuesta

1   en mi opinión
2   Primero
3   Por lo tanto
4   además
5   Por otra parte
6   Para terminar
7   Me sorprende que

El trabajo escrito en el examen oral

1   Lee y habla   `Página 52`

Los estudiantes leen las preguntas que el examinador hace sobre el trabajo escrito y en parejas preparan posibles respuestas para después compartirlas con el resto de la clase. En la puesta en común, resalte expresiones útiles para dar respuesta a estas preguntas.

2   Lee y escribe   `Página 52`

Respuestas

1   muestra
2   me parecen
3   seleccionar la información relevante
4   me encantó
5   no me gustó
6   que más me sorprendió

3   Lee y habla   `Página 52`

Los estudiantes practican en parejas la entrevista oral de Marta. Preste atención a la pronunciación y entonación.

4   Escribe y habla   `Página 52`

Los estudiantes practican en parejas la entrevista oral de John tras haber preparado las respuestas en parejas. Si son las mismas parejas que en la entrevista de Marta, haga que cambien los papeles de entrevistador / estudiante. Preste atención a la pronunciación y entonación.

5 La Cultura Juvenil

Área temática	Trabajo y ocio
Tema	Entretenimiento
Aspectos	Las artes: el arte, el cine, la literatura, la música, las artes urbanas y las artes escénicas
Gramática	Los comparativos Indefinidos Expresando cantidad Pronombres interrogativos y relativos
Tipos de texto	Foro Guía Turística Página web Blog Folleto Artículo Anuncio Carta Diario Presentación
Rincón del BI	**Teoría del Conocimiento** • ¿Piensan los jóvenes más con el corazón que con la cabeza? **Trabajo escrito** • ¿Existe una cultura juvenil globalizada? ¿Qué papel juegan las nuevas tecnologías en la conexión entre los jóvenes de diferentes lugares? **Oral individual** • Estímulos visuales: Fotos de jóvenes de diferentes 'tribus urbanas' haciendo actividades diversas: conciertos, patinando, grafiti, en una cafetería, en el cine, etc.. • Conversación acerca del tipo de gente y actividades con las que el estudiante se identifica más. Hablar de las preferencias para el tiempo libre. **Producción escrita** • Tu grupo de música favorita está en tu ciudad y ayer estuviste en el concierto. Escribe una entrada en tu **diario** explicando cómo fue el concierto: con quién fuiste, qué tal lo pasasteis y lo que hicisteis. (Escribe al menos 100 palabras).

Esta unidad ofrece a los estudiantes la oportunidad de aprender algo más de diferentes aspectos de la cultura juvenil. Se exploran los gustos de algunos jóvenes y en la introducción se habla de diferentes tribus urbanas que puede dar lugar a una conversación sobre los estilos y gustos diferentes de los jóvenes hoy en día.

1 Lee
Página 53

Aquí se puede hablar de los estilos representados por las imágenes y los estudiantes tienen que pensar en otros estilos o tribus urbanas para añadir a la lista. Se pueden repasar las expresiones para hacer descripciones físicas si se desea.

2 Lee y escribe
Página 53

El objetivo de este ejercicio es el reforzar el léxico presentado en esta unidad mientras los estudiantes profundizan en el tema de las tribus urbanas.

3 Escribe
Página 53

Los estudiantes tienen que describir el estilo de **dos** tribus urbanas que conocen. Deben considerar la ropa, los gustos musicales y la imagen general que cada tribu tiene.

Respuestas

1 PANDILLAS, 2 JÓVENES, 3 REUNIONES, 4 ESTAR, 5 PENSAR, 6 GUSTOS

La música es una parte muy importante de la vida de mucha gente, especialmente la de los jóvenes

1 Lee
Página 54

El objetivo de esta actividad es el dar a los estudiantes la oportunidad de reconocer algunos géneros de música diferentes y así introducir el tema de la música juvenil.

Respuestas

la música *heavy*

el rap (español)

el *hip hop*

la música *indie*

la música pop

2 Habla
Página 54

Esta actividad ofrece a los estudiantes la oportunidad de añadir géneros musicales a la lista del ejercicio uno y de discutir sus preferencias en materia de música.

3 Habla y escribe
Página 54

Los estudiantes tienen que completar la tabla con las respuestas de dos compañeros de clase a las tres preguntas siguientes:

¿Qué tipo de música te gusta y no te gusta? ¿Por qué?

¿Cómo escuchas música?

¿Tocas algún instrumento? ¿Te gustaría tocar un instrumento?

Las respuestas son libres.

4 Escribe
Página 54

Los estudiantes tienen que escribir su propio comentario al foro siguiendo los modelos. Tienen que dar su opinión sobre la música que prefieren y la manera en que la escuchan. El objetivo es practicar las destrezas escritas.

5 Comprensión
Página 54

Respuestas

1 Verdadero. Justificación: Sandra dice que le gusta la música heavy y también que le gusta la moda de este género.

2 Falso: Justificación: Isabel dice que a veces baja música del internet y la escucha en su portátil.

3 Verdadero. Justificación: Alejandro dice que es fan del rap español y que lo escucha camino del instituto ("insti").

4 Falso. Justificación: Isabel no aprende a tocar la guitarra (es Manuel quien aprende).

5 Verdadero. Justificación: Manuel dice que le gusta mucho ir a conciertos y escuchar música en directo.

   Falso. Justificación: Alejandro no dice que baja toda la música del internet.

Cuaderno de ejercicios 5/1
Página 14

Respuestas

1 **E**, 2 **F**, 3 **A**, 4 **C**, 5 **B**, 6 **G**

6 Lee y escribe
Página 55

Respuestas

1 Verdadero. Justificación: El precio medio de un concierto en Madrid es 0.5 Euros más caro que en el País Vasco.

2 Falso. Justificación: Hubo más conciertos en Madrid este año.

3 Verdadero. Justificación: Casi 5 millones de personas asistieron a conciertos de música popular en Andalucía (casi 700.000 espectadores más que Cataluña y 800.000 más que en Madrid).

4 Falso. Justificación: Andalucía tiene el gasto medio por espectador más bajo (3,8 Euros).

5 Falso. Justificación: El País Vasco tiene más de 4.500 conciertos cada año.

7 Lee
Página 55

En su mensaje, Juan invita a un amigo a ir al concierto de Shakira el sábado. El objetivo de este ejercicio es introducir el vocabulario que se trabajará en los ejercicios siguientes, así como las expresiones para hacer planes.

8 Comprensión
Página 55

Respuestas

A segundo párrafo

B tercer párrafo

C segundo párrafo

D segundo párrafo

E primer párrafo

9 Lee Página 55

En este ejercicio los estudiantes deben categorizar las expresiones en invitaciones, aceptaciones o rechazos.

Respuestas

Invitación

¿Te gustaría…?

¿Deseas ir a…?

¿Por qué no vamos a…?

¿Quieres ir a…?

¿Te apetece…?

Aceptación

Me encantaría.

Me gustaría.

Con mucho gusto.

Sería un placer.

¡Qué buena idea!

De acuerdo.

Por supuesto, gracias por la invitación.

Estoy libre todo el día.

Rechazo

Lo siento, pero ya tengo planes.

No estoy libre el martes.

Estoy ocupado/a.

Quizás otro día.

No puedo porque…

 Cuaderno de ejercicios 5/2 Página 14

Respuestas

1 Tengo que cuidar de mis hermanos.

2 Lo siento, pero las entradas son demasiado caras.

3 Mis padres no me van a dejar salir.

4 Ya no tengo dinero para salir.

5 Ya tengo planes con otros amigos.

10 Lee Página 55

Esta actividad sirve para complementar el ejercicio anterior y hacer a los estudiantes pensar en cómo abordarían una conversación para invitar a alguien.

Respuestas

Anita: Hola Paco, ¿te apetece ir al cine conmigo el fin de semana que viene?

María: Lo siento, Anita, pero no puedo porque tengo planes ya. Voy a ir a la bolera con Luisa. ¿Te gustaría venir?

Anita: ¡Qué buena idea! Sería un placer.

Antonio: ¿Qué haces este fin de semana Juan?

Juan: No sé. ¿Quieres ir a la playa?

Antonio: No, no quiero. No me gusta la arena y siempre hace demasiado calor. ¿Por qué no vamos a la piscina?

Juan: De acuerdo. ¿A qué hora? Estoy libre todo el día.

11 Habla y escribe Página 55

El objetivo del ejercicio es de usar el vocabulario de los ejercicios anteriores en una conversación en la que se invita y se rechazan invitaciones, y también en un breve ejercicio de escritura en el que los estudiantes responden a la invitación de Juan para ir al concierto de Shakira. Las respuestas son libres.

12 Escribe Página 55

El objetivo de este ejercicio es consolidar el vocabulario clave aprendido en estas dos páginas. Este ejercicio da a los estudiantes la oportunidad de demostrar su habilidad para reciclar el vocabulario y al mismo tiempo demostrar no solo sus habilidades lingüísticas pero también su imaginación y creatividad.

La cultura urbana se puede considerar como parte de la sociedad moderna hoy en día

1 Introducción Página 56

Hay dos imágenes de grafiti en la página. Una muestra un grafiti famoso de Banksy, un artista británico, conocido por su arte callejero. Su trabajo consiste en piezas satíricas sobre la política, la cultura pop y la moralidad. La otra muestra *tags* o etiquetas – una firma o un acrónimo de una persona o un grupo de personas. Estas imágenes representan dos lados del grafiti y dan la oportunidad de empezar a discutir los gustos personales de los estudiantes, su opinión sobre el grafiti, y empezar a pensar en el tema por primera vez.

2 Lee Página 56

El objetivo de esta actividad es de introducir el fenómeno de los murales callejeros (o grafiti) e invitar a los estudiantes a reflexionar sobre el valor artístico de estos y su contribución al paisaje urbano. Esta actividad también sirve para introducir las expresiones para dar opiniones a favor y en contra, y para practicar la comprensión lectora.

Respuestas

B A favor. Justificación: esta persona dice que "los jóvenes pueden expresarse libremente con el grafiti".

C   En contra. Justificación: "el grafiti es ilegal".

D   A favor. Justificación: según esta opinión, el pintar en calle es una alternativa para muchos artistas que "no se identifican con los cuadros que aparecen en las galerías o museos".

E   En contra. Justificación: esta persona dice que retirar el grafiti indeseado es un mal uso del dinero público que se podía usar para "escuelas., carreteras, parques y otras mejoras en la comunidad".

F   En contra. Justificación: a esta persona el grafiti le parece "un acto de vandalismo".

G   A favor. Justificación: "el grafiti puede representar una lucha política".

H   A favor. Justificación: hay grafitis muy apreciados "como los de Festival de Arte Urbano Polinza en Valencia o los de Bansky en el Reino Unido.

J   A favor. Justificación: según esta persona, las calles son públicas y todos tenemos el derecho a decorarlas a nuestro gusto.

3   Comprensión | Página 56 |

El objetivo de esta actividad es el de trabajar el vocabulario pertinente al tema del arte callejero urbano.

Respuestas

2 bonito, 3 los cuadros, 4 derrocha, 5 estropean, 6 una lucha, 7 un descenso, 8 las viviendas

4   Habla | Página 56 |

Esta actividad permite a los estudiantes el expresar su opinión sobre si el grafiti es algo positivo o negativo, después de haber considerado toda la información aportada en los ejercicios anteriores y de haber contrastado su propia opinión con la de un compañero.

Cuaderno de ejercicios 5/3 | Página 14 |

Respuestas

La semana pasada visité una galería de arte donde conocí a <u>todos</u> los artistas que tenían <u>algún</u> cuadro en la exposición. Dos artistas empezaron a hablar sobre el grafiti y aunque los dos opinaban que es <u>algo</u> bueno, <u>ninguno</u> de los dos me convenció sobre el beneficio de pintar en las paredes. En mi opinión <u>cualquier</u> tipo de grafiti es vandalismo, pero también entiendo que según <u>otro</u> punto de vista es arte y que <u>algunas</u> personas piensan que puede tener un mensaje profundo.

Cuaderno de ejercicios 5/4 | Página 15 |

Respuestas

otras, ninguna, algunas, cada, algunos, otros, cualquier, todas

5   Lee | Página 57 |

graffitimundo es una compañía que hace guías turísticas por Buenos Aires con la intención de mostrar el arte callejero de la ciudad. Esta organización apoya a los artistas y el dinero que recauda sirve para mantener el proyecto de arte urbano popular.

El objetivo del ejercicio es reconocer los indefinidos de uso más frecuente de aquellos presentados en la página.

Respuestas

graffitimundo promueve la escena de arte callejero de Buenos Aires y apoya el trabajo de sus creadores. Trabajamos junto a <u>algunos</u> artistas urbanos que son reconocidos en <u>toda</u> la ciudad. Nuestros tours guiados revelan <u>algunas</u> increíbles historias que se esconden detrás de <u>cada</u> pieza. Descubrimos obras que denotan los inicios fuertemente políticos de la escena local, hasta llegar al contexto actual en el que Buenos Aires se ha convertido en una de las ciudades con el mejor arte callejero del mundo. En una ruta <u>poco</u> convencional, el tour muestra <u>todos</u> los puntos claves donde encontrar los mejores grafitis y galerías de arte al aire libre: <u>nada</u> se nos escapa. Haciendo una breve parada en el estudio de un grupo de artistas y finalizando en la única galería de arte callejero de la ciudad, el tour brinda la oportunidad de conocer a <u>algunos</u> artistas en persona y comprar obras a precios asequibles. <u>Nadie</u> nos supera: nuestros guías son expertos en arte callejero así como amigos de los artistas, por lo que nuestro conocimiento de la escena es de primera mano. <u>Todo</u> el dinero cobrado por los tours se destina a mantener el proyecto y a continuar difundiendo y promoviendo la escena de Buenos Aires y sus artistas.

6   Comprensión | Página 57 |

Respuestas

D   Una descripción en la página web de la compañía

7   Comprensión | Página 57 |

Respuestas

1   Verdadero. Justificación: "Descubrimos obras que denotan los inicios fuertemente políticos de la escena local".

2   Falso. Justificación: La explicación por MP3 no se menciona en el texto.

3   Falso. Justificación: No se menciona el número de obras.

4   Verdadero. Justificación: "el tour brinda la oportunidad de conocer a algunos artistas en persona".

5   Falso. Justificación: No se menciona una galería y se dice que todo el dinero recaudado "se destina a mantener el proyecto y a continuar difundiendo la escena de Buenos Aires".

8 Escribe `Página 57`

Esta actividad da a los estudiantes la oportunidad de expresar por escrito su opinión sobre el grafiti, así como de consolidar el vocabulario y la gramática aprendidos en estas páginas.

Festivales de Cine en España

1 Investiga `Página 58`

El objetivo de esta actividad es el de encontrar información sobre otros festivales de cine para tener un contexto para entender el Festival de Cine de San Sebastián.

2 Habla `Página 58`

El objetivo de esta actividad es de repasar el vocabulario para hablar sobre los diferentes géneros de películas, como por ejemplo: películas de terror, comedias, románticas, de suspense, del oeste, de carretera, etc.

📖 Cuaderno de ejercicios 5/5 `Página 15`

Los estudiantes pueden elegir películas diferentes para completar este ejercicio.

3 Lee y escribe `Página 58`

Respuestas

Párrafo 1 **D** San Sebastián

Párrafo 2 **I** Festival Internacional de Cine de San Sebastián

Párrafo 3 **C** Festival de Cine Fantástico y de Terror de San Sebastián

Párrafo 4 **A** San Sebastian Surfilmfestibal

Párrafo 5 **G** Festival de Cine y Derechos Humanos

Párrafo 6 **F** Street Zinema – Festival de Cine y Arte Urbano

En esta actividad los estudiantes tienen la oportunidad de ver tres pronombres interrogativos muy comunes. Aproveche para repasarlos en el cuadro de gramática.

4 Comprensión `Página 59`

Respuestas

1 En el norte de España, en la Bahía de Vizcaya, a sólo 20km de la frontera francesa.

2 Se mencionan siete tipos de festivales: teatro, deportes, música, danza, literatura, gastronomía, cine.

3 San Sebastián fue nombrada Capital Cultural Europea durante ese año.

4 En 1953.

5 De fines de octubre hasta principios de noviembre.

6 San Sebastián Surfilmfestibal.

7 Con exposiciones, música, teatro y danza.

8 Se mencionan las siguientes siete actividades: *breakdance*, ciclismo bmx, moda, grafiti, música y *skate.*

5 Comprensión `Página 59`

Respuestas

1 es bien conocida
2 número
3 posee
4 se encuentra
5 gastronomía
6 consta de
7 acontecimientos

6 Investiga y habla `Página 59`

Esta actividad promueve las habilidades para buscar información. Los estudiantes pueden encontrar información sobre películas ganadoras.

7 Imagina `Página 59`

El objetivo de esta actividad es usar la imaginación y pensar de una manera más profunda sobre las películas que los estudiantes hayan visto recientemente.

8 Escribe `Página 59`

El objetivo de esta actividad es de repasar todo el vocabulario de las dos páginas e imaginar un festival de cine.

9 Lee `Página 59`

Respuestas

1 …Almodóvar, Amenábar y Saura.
2 …el 10…el 20%.
3 …la censura y el doblaje al castellano.
4 … se suprimió la censura, se permitieron películas en otros idiomas y se fundó la Academia de las Artes y las Ciencias Cinematográficas de España.
5 …, Mujeres al borde de un ataque de nervios y Volver, ¡Ay Carmela!, El laberinto del fauno.

El 23 de abril es el Día Internacional del Libro

1 Lee y escribe
Página 60

Respuestas

1 Falso: Xavi es de Barcelona en España y Francisca es de Guadalajara en México.

2 Falso: Francisca celebra el Día del Libro en abril y noviembre.

3 Verdadero: Xavi dice "tradicionalmente los hombres reciben un libro y las mujeres una rosa".

4 Falso: El año pasado el ayuntamiento de Guadalajara organizó un maratón de lectura, y todos los participantes tuvieron que leer el mismo libro

5 Verdadero: Es el día de Sant Jordi o San Jorge, el patrón de Barcelona.

2 Escribe
Página 60

Respuestas

1 vecindario – K barrio

2 novios – J parejas

3 puntos de venta – H puestos

4 en la calle – G al aire libre

5 porque – I debido a

6 gobierno municipal – A ayuntamiento

3 Investiga
Página 60

El objetivo de esta actividad es de ampliar el conocimiento de los estudiantes sobre cómo, dónde, y por qué se celebra el Día del Libro a nivel mundial. Los estudiantes pueden, por ejemplo, aprender que la UNESCO empezó a promover esta celebración en 1995, y que el 23 de abril 2008 ya se celebró el Día del Libro en más de cien países. Se puede hablar sobre la importancia de la lectura para el desarrollo personal, el conflicto de intereses entre los derechos de autor y los derechos de los lectores a leer libremente y sin coste alguno (bajando libros de internet, por ejemplo), y se puede también comparar la literatura con la música (importancia formativa y cultural, y necesidad de protección institucional).

4 Lee
Página 60

Respuestas

el cual, los que, que

En esta actividad, los estudiantes deben identificar todos los pronombres relativos usado en los blogs.

5 Lee
Página 61

El *Hay Festival* se celebra desde 1988 en Hay-on-Wye, una pequeña ciudad galesa situada a orillas del río Wye. El festival tiene lugar durante 10 días entre los meses de mayo y junio y atrae autores muy conocidos y un público muy número. En los últimos años, el *Hay Festival* se ha extendido a muchos otros países en todo el mundo, incluyendo varios países hispanos.

6 Comprensión
Página 61

Respuestas

1 **A** El texto es una página web.

2 **B** El Hay Festival Xalapa es un evento que cubre todo tipo de actividades culturales ("Literatura, artes visuales, cine, música, geopolítica, periodismo, medioambiente").

3 **A** Tiene el objetivo de promover el desarrollo social, la cultura y la educación ("se define por la difusión de la cultura y el compromiso social", promover el diálogo y el intercambio cultural, la educación y el desarrollo).

4 **C** Todo el dinero recaudado en el evento se da al gobierno ("La recaudación total . . . será donada al voluntariado de la Secretaría de Turismo, Cultura y Cinematografía").

7 Habla
Página 61

El objetivo de esta actividad es el de motivar a los estudiantes a que den su opinión personal sobre este festival literario, y decidan si les gustaría ir, a quien les gustaría ver en el festival y por qué.

8 Investiga
Página 61

LeCool es una revista internacional, también disponible en línea, que publica eventos culturales que tienen lugar en varias capitales. Las páginas correspondientes a las capitales hispanas como Barcelona, Madrid o México están escritas en español. El objetivo de esta actividad es el de buscar eventos culturales que tengan lugar en uno o más de estas ciudades (Barcelona, Madrid o México) para hacer comprender a los estudiantes la variedad de actividades que se pueden realizar en las grandes ciudades. También se practica la lectura.

9 Escribe
Página 61

El objetivo de este ejercicio es consolidar el vocabulario clave aprendido en estas dos páginas. Este ejercicio da a los estudiantes la oportunidad de demostrar su habilidad para reciclar el vocabulario y al mismo tiempo ejercitar también su imaginación y creatividad.

Unos jóvenes que están de intercambio en México deciden ir al teatro

1 Habla | Página 63

Para empezar el tema del teatro, los estudiantes discuten su experiencia del teatro y hablan sobre algunas obras que hayan visto o quieran ver en el futuro.

2 Lee | Página 63

Respuestas

El Otro Lado – paranormal

Pinocho – musical, apto para niños

La Bella Durmiente – ballet, cuento de hadas

La Casa de Bernarda Alba – obra de teatro

3 Lee | Página 63

Respuestas

Lucia – La Casa de Bernarda Alba

Alejandro – El otro lado

Pablo – Pinocho

Noelia – La Bella Durmiente

4 Lee y escribe | Página 63

¿En la frase…	la(s) palabra(s)…	en el texto se refiere(n) a….?
Solo <u>tiene</u> 10 años	"tiene"	el hermano pequeño de Pablo
Me encanta cómo <u>describe</u> una historia	"describe"	el ballet
… tengo pocas horas para dedicarme a <u>este arte</u>…	"este arte"	actuar

5 Habla | Página 63

El objetivo de esta actividad es el de dar opiniones personales sobre las preferencias personales del estudiante en relación a la información que ha aparecido en los ejercicios anteriores.

6 Escribe | Página 63

El objetivo de esta actividad es el de practicar cómo escribir una nota, usando una expresión de cantidad donde sea posible.

Cuaderno de ejercicios 5/6 | Página 15

Respuestas

1 muchas, 2 bastante/muy, 3 más, 4 demasiado/muy, 5 pocos

Cuaderno de ejercicios 5/7 | Página 15

Respuestas

No tengo **mucho** tiempo libre porque siempre tengo **muchos** deberes, sin embargo, cuando puedo, me gusta salir con mis amigos. La verdad es que voy al teatro **poco** porque las entradas son **bastante** costosas y es **más** barato ver una película en el cine. Alguna gente piensa que ir al cine es **demasiado** caro y es **más** barato quedarse en casa y ver una película en DVD.

7 Investiga | Página 63

Esta actividad hace que los estudiantes adquieran un conocimiento de las obras que se ofrecen en los teatros de los lugares en donde viven.

8 Escribe | Página 63

El objetivo de esta actividad es el de repasar parte del vocabulario presentado en estas dos páginas, así como el de continuar alentando su interés por el teatro.

9 Escribe | Página 63

El objetivo de esta actividad es de repasar todo el vocabulario relacionado con el teatro presentado en estas dos páginas y usarlo de forma productiva a fin de escribir una entrada en un diario. Esta actividad también ayuda a reforzar los tiempos de pasado.

Repaso

CEULAJ – el Centro Eurolatinamericano de Juventud es un centro polivalente que acoge actividades de formación, debate e intercambio de experiencias organizado por el Instituto de la Juventud (Injuve) en España.

El objetivo de esta actividad es diseñar un anuncio para un evento de *hip hop* o para un festival de cine para jóvenes, a fin de dar repasar el vocabulario de toda la unidad.

6 El mundo laboral

Área temática	Trabajo y ocio
Tema	Trabajo
Aspectos	Desempleo Empleabilidad Contratos Currículum vitae Solicitud trabajo Experiencia laboral Trabajo ideal
Gramática	Pretérito pluscuamperfecto Revisión tiempos verbales de indicativo Conectores
Tipos de textos	Encuesta Comentario página web Correo electrónico Resumen Anuncios Currículum vitae Solicitud
Rincón del BI	**Teoría del Conocimiento** • Discusión sobre las diferencias entre trabajo manual y trabajo intelectual. ¿Deben ser pagados igual? **Trabajo escrito** • Investigar las oportunidades laborales para los jóvenes durante sus estudios en las diferentes culturas. **Oral individual** • Estímulos visuales: Fotos de jóvenes desarrollando diferentes actividades profesionales. • Conversación sobre las ambiciones profesionales del alumno y su experiencia laboral actual y pasada. **Producción escrita** • Quieres ahorrar dinero para ir de viaje a un país hispanohablante y has encontrado un trabajo durante los fines de semana. Ayer fue tu primer día de trabajo y escribes en tu **blog** las impresiones de ese día. Incluye detalles sobre el puesto de trabajo, tus compañeros y dónde quieres ir de viaje. (Escribe al menos 100 palabras).

Esta unidad en el área temática de Trabajo y ocio está dedicada al tema del empleo. Los estudiantes trabajarán en una serie de aspectos relacionados con el mundo laboral tales como la empleabilidad, experiencia laboral, el currículum o valoraciones del trabajo ideal. La gramática que complementa la unidad se centra mayoritariamente en la revisión de los tiempos verbales.

1 Introducción
Página 65

La imagen es un estímulo visual para introducir el tema de la unidad. A lo largo de Panorama Hispanohablante 1 y las unidades previas del segundo libro, los estudiantes han abordado varias tareas donde se explotaba una entrevista por lo que los estudiantes deberían poder deducir la respuesta apropiada con relativa facilidad.

Respuesta

C   La entrevista laboral

2 Habla
Página 65

Este es un ejercicio de preparación donde en pequeños grupos, los estudiantes responden a las preguntas planteadas y discuten sus opiniones sobre el puesto de trabajo al que postulan los candidatos.

Respuesta posible

1   El chico está en una pequeña oficina que parece ser de contratación.

2   Parece que un hombre está entrevistando al chico pues tiene lo que parece un currículum en la mano. El chico parece serio y nervioso. Es evidente que hay muchos candidatos para el trabajo porque el hombre tiene una pila de currículums en su escritorio y hay una cola de candidatos que se ven a través de una ventana detrás del chico.

3   En la imagen se ve un teléfono y la pantalla de un ordenador.

4   Creo que se trata de un puesto de directivo o de comercial porque todos los candidatos van muy elegantes.

3   Lee   Página 65

El objetivo del ejercicio es introducir el vocabulario de algunos trabajos populares. Puede, si lo desea, animar a sus estudiantes a añadir otros empleos ya sea estableciendo el número de trabajos se deben añadir o sugiriendo que busquen aquellos empleos en los que están interesados o que juegan una parte en su vida cotidiana: los trabajos de sus familiares cercanos por ejemplo.

Respuesta

1   ingeniero
2   maquinista
3   guardia de seguridad
4   cocinero
5   mujer de negocios
6   operadora
7   azafata
8   enfermera
9   médico
10 reportero
11 hombre de negocios
12 deportista
13 soldado
14 artista
15 bombero
16 sirvienta

Los participantes del primer foro OPPOE (Orientación Profesional para obtener empleo) discuten el problema del desempleo en España

1   Lee y habla   Página 66

El objetivo del ejercicio es que los estudiantes consideren los problemas a los que se enfrentan los jóvenes a la hora de entrar en el mercado laboral. Este ejercicio también les brinda la oportunidad de discutir los problemas más serios en su país y sus preocupaciones o aspiraciones personales. Es recomendable que se discuta el significado de cada titular pues esto va a ser útil para los estudiantes menos hábiles al hacer el siguiente ejercicio.

Respuesta

Los titulares tratan del desempleo y situación laboral de los jóvenes.

2   Lee   Página 66

Este es un ejercicio de comprensión donde los estudiantes deben emparejar a cada joven con el titular más adecuado. Para ello deben leer los textos concentrándose en las palabras claves. Puede si lo desea hacer que los estudiantes anticipen palabras o ideas probables relacionadas con cada titular antes de leer los textos para facilitar de este modo la tarea para aquellos estudiantes cuya comprensión lectora sea menos competente.

Respuesta

1   El colectivo "ni-ni"* llega a incluir más de 600,000 jóvenes – **C** David

2   La falta de trabajo resulta en el éxodo masivo de nuestros jóvenes – **D** Gema

3   Una carrera no garantiza empleo: el desempleo de licenciados continúa aumentando – **A** Asier

4   Los jóvenes de hoy: sin trabajo, sin dinero y viviendo con los padres – **B** Elena

3   Lee   Página 66

Este ejercicio tiene el objetivo de ampliar la base de vocabulario de los estudiantes. Puede apoyarles recordándoles que en este tipo de ejercicios generalmente las respuestas se encuentran en el mismo orden de manera que si pueden identificar algunas de las palabras, esto reduce significativamente el número de palabras desconocidas en el texto. Del mismo modo, debería recordar a los estudiantes que apliquen sus conocimientos gramaticales para poder identificar qué tipo de palabra buscan (sustantivo, verbo, etc.).

Respuesta

1   aumentar
2   estudios
3   solicitantes
4   emanciparse
5   ingresos
6   costear
7   perspectivas
8   opción

📖 Cuaderno de ejercicios 6/1   Página 16

Los estudiantes leen de nuevo los textos de los participantes del primer foro OPPOE y deciden si las afirmaciones son falsas o verdaderas.

1 **F**, 2 **V**, 3 **F**, 4 **V**, 5 **F**

4 Lee y habla

Página 66

Este ejercicio tiene el objetivo de crear la oportunidad para que los estudiantes discutan sus opiniones en relación al deber moral de los parados. Opiniones a su respecto dependerán en gran medida del sistema de prestaciones sociales en su país y la situación del desempleo. Para extender o variar la actividad, puede proponer situaciones ejemplares y entonces hacer que los estudiantes decidan si el retiro de las prestaciones es justo o adecuado, por ejemplo: *Juan está casado con tres hijos adolescentes. Es arquitecto y ha trabajado durante 32 años en el campo de la arquitectura. Nunca ha estado parado ni ha necesitado prestaciones sociales y ha pagado religiosamente sus contribuciones a Hacienda y la seguridad social. Hace dos años la compañía para la que trabajaba hizo reducción de personal y se quedó sin trabajo. Ahora Juan recibe prestaciones sociales y aunque le gustaría trabajar, no está dispuesto a hacerlo en otro campo que no sea la arquitectura o el diseño pero hay pocas vacantes en esa área y dada su edad, cada vez que solicita un trabajo, no se lo dan. La oficina del paro le ha facilitado varias entrevistas para trabajar en una fábrica pero Juan ha declinado estas ofertas y también la oportunidad de hacer un curso de informática para buscar trabajo en otro sector. ¿Sería justo poner fin a sus prestaciones sociales?*

5 Lee

Página 67

Este ejercicio, además de presentar a los estudiantes una explicación muy básica de la dinámica de las crisis económicas; tiene un objetivo primordialmente gramatical. Los estudiantes deben identificar la mejor palabra para cada espacio para lo que deberán usar conocimientos gramaticales tales como la concordancia y/o las terminaciones de los verbos.

Respuesta

1 vicioso, 2 dinero, 3 ayudante, 4 misma, 5 disminuyen, 6 suficiente, 7 insostenible, 8 tremenda

6 Lee y habla

Página 67

Los estudiantes leen las respuestas breves de Ignacio y Eli y discuten sus opiniones al respeto de la relación del desempleo con la delincuencia y la depresión mencionados por los dos jóvenes respectivamente. Los estudiantes también discuten la definición de pobreza según sus opiniones personales que variará mucho según el país y la ubicación del centro.

Respuesta libre

7 Escribe

Página 67

El ejercicio brinda la oportunidad a los estudiantes de expresar su propia opinión sobre las razones del gran impacto del desempleo en la economía de un país. En el caso de estudiantes menos hábiles, muy probablemente estos se ceñirán a ideas expresadas en la discusión oral del ejercicio anterior.

Respuesta sugerida

El desempleo es un problema porque afecta el poder adquisitivo de la persona desempleada. Vivimos en una sociedad consumista y frecuentemente sentimos que debemos tener lo mismo o más que aquellos que nos rodean para considerarnos iguales, cosa que no es posible si no tenemos ingresos suficientes. Al mismo tiempo, una reducción del consumo resulta en menos necesidad de producción haciendo desaparecer puestos de trabajo creando un círculo vicioso.

8 Investiga

Página 67

El objetivo de este ejercicio es sociocultural y tiene la intención de concienciar a los estudiantes de la situación socioeconómica y laboral de su país al mismo tiempo que recogen los datos necesarios para después dar una opinión informada en el siguiente ejercicio.

9 Escribe

Página 67

Los estudiantes escriben un correo electrónico expresando si les preocupa el paro y basando su respuesta en los datos que hayan hallado en el ejercicio anterior. El ejercicio es una oportunidad de practicar el vocabulario relacionado con el tema del empleo visto hasta este momento.

Respuesta sugerida

Señores/as

Me llamo Pedro Gutiérrez y vivo en la comunidad de Castilla-La Mancha. Estoy estudiando bachillerato y quiero estudiar Ingeniería Técnica Industrial.

Por desgracia, la situación del desempleo en España ha empeorado mucho en los últimos años. El colectivo de los jóvenes es uno de los más afectados. Hay cientos de candidatos para cada trabajo y es muy difícil encontrar empleo al acabar la universidad.

Me preocupa desperdiciar el dinero de mis padres que están pasando apuros económicos para que yo pueda continuar estudiando. Me preocupa porque mi hermano acabó la carrera hace dos años y todavía trabaja a tiempo parcial en un restaurante porque es el único empleo que ha encontrado.

Por mi parte, pienso que probablemente deberé irme a trabajar al extranjero si las cosas no empiezan a mejorar en nuestro país.

Atentamente,

Pedro Gutiérrez

En el foro se debate la empleabilidad de los diferentes grupos sociales

1 Habla
Página 68

Este ejercicio introduce a los estudiantes al tema de las discapacidades en el contexto del mundo laboral. Este es un tema delicado y requiere su juicio profesional en relación a cómo abordarlo en el caso de que tenga estudiantes discapacitados o los haya en el centro.

Respuesta

1 Discapacidad física

2 Discapacidad auditiva

3 Discapacidad de comunicación/habla

4 Discapacidad visual

2 Comprensión
Página 68

Los estudiantes leen el texto y responden a las preguntas de comprensión.

Respuestas

1 No mencionan su discapacidad en su currículum o en entrevistas laborales a menos que esta sea visible.

2 Piensan que les dificulta la obtención de empleo.

3 No, el 23% piensa que la situación económica también tiene influencia.

4 Respuesta libre: Depende del país donde esté ubicado el centro se anticipa que los jóvenes van a mencionar las políticas de oportunidades iguales.

5 Hay un 10% de diferencia entre unos y otro, con un 10% más de jóvenes discapacitados sin trabajo.

3 Lee
Página 68

El ejercicio profundiza en la comprensión del texto y en esta ocasión los estudiantes deberán aplicar sus conocimientos de gramática para identificar los finales más adecuados de manera que cada frase no solamente corrobore el contenido del texto sino que también contenga el léxico correcto.

Respuesta

1 C, 2 A, 3 E, 4 I, 5 G, 6 J

4 Lee y escribe
Página 69

Los estudiantes leen la primera parte de la entrevista con ánimo de obtener una idea general que deberán resumir en no más de 40 palabras.

Respuesta sugerida

Alfredo comparte su situación personal y laboral. Lleva años parado, ha solicitado muchos trabajos y encuentra el proceso humillante. Está dispuesto a aprender nuevas habilidades, pero cree que la falta de oportunidades está vinculada a su edad ya avanzada.

5 Lee
Página 69

El ejercicio tiene un objetivo primordialmente gramatical y se enfoca no solo en la comprensión del texto que ayudará a los estudiantes a elegir el verbo correcto, sino también en su habilidad de conjugar los verbos en el pretérito pluscuamperfecto de indicativo que se practica en esta unidad.

Respuesta

1 había pensado

2 había gastado

3 habían ido

4 había escrito

5 había valorado

6 había asumido

Cuaderno de ejercicios 6/2
Página 16

Completa las frases con la forma correcta del pretérito pluscuamperfecto de los verbos en paréntesis.

1 había encontrado

2 había perdido

3 habíamos escrito

4 habíamos hecho

5 había conseguido

6 había suspendido

7 habíamos visto

8 se había ido

6 Escribe y habla | Página 69

El ejercicio brinda la oportunidad a los estudiantes de practicar la formación de preguntas en el contexto del mundo laboral. Recuerde a los estudiantes que deberán utilizar el modo formal puesto que este se utiliza en la entrevista original en el libro del alumno.

Respuesta sugerida

- ¿Qué edad tienen sus hijos?
- ¿Cree que sus hijos y su mujer le ven de una forma diferente ahora que cuando trabajaba?
- El paro... ¿Ha afectado sus relaciones familiares?
- ¿Piensa que ha cambiado su personalidad por estar en paro?
- ¿Cree que el gobierno podría hacer más para ayudar a los parados mayores de 40 años?
- ¿Tenía ahorros cuando se quedó sin empleo?

7 Habla | Página 69

Este ejercicio proporciona la oportunidad de practicar de forma oral el vocabulario visto hasta el momento en esta unidad. Puede dejar que los estudiantes defiendan la postura que elijan o puede separarles en dos grupos y otorgarles la postura que deberán defender independiente de sus opiniones propias.

Respuesta libre

Esta semana en el foro OPPOE se discuten los diferentes tipos de contratos laborales y se publican los puestos vacantes

1 Lee y escribe | Página 70

Los estudiantes deben leer los anuncios a los que se refieren las cinco frases y deben identificar las frases o palabras del texto que corroboran su veracidad o indican que la frase es falsa.

Respuesta

A Verdad: *los meses de julio y agosto. Contrato temporal.*

B Falso: *durante una baja de maternidad.*

C Verdad: *los fines de semana.*

D Falso: *experiencia mínima de dos años.*

E Verdad: *imprescindible don de gentes.*

2 Escribe y habla | Página 70

El ejercicio brinda a los estudiantes la oportunidad de demostrar su comprensión de los anuncios escribiendo frases verdaderas o falsas que pueden exponer a un compañero para que este decida y justifique su respuesta. Anime a los estudiantes a usar sinónimos y antónimos y evitar utilizar el vocabulario y estructuras tal y como aparecen en los anuncios.

Respuestas sugeridas

En la oficina de marketing debes demostrar tu competencia antes de tener trabajo a tiempo completo. (Verdad: *tras superar periodo de pruebas inicial.)*

La orquesta proporciona los instrumentos musicales a sus participantes. (Falso: *que tenga buenos teclados.*)

En el puesto de camarero/a se ofrece el salario mínimo. (Falso: *salario a convenir.*)

No puedes solicitar el trabajo de auxiliar de tienda a menos que puedas conducir y tengas coche. (Verdad: *carnet y vehículo propio.*)

3 Lee | Página 70

Los estudiantes leen detalladamente los anuncios a los que se refieren las preguntas A a E y las responden.

Respuesta

A Debes superar el periodo inicial de prueba.

B Conseguirá 4.740€ (unos 5.000€)

C Sí porque las condiciones y salario no están estipuladas y son a convenir.

D Es esencial ser una persona seria

E Una experiencia de un año es deseable pero no es esencial.

📖 Cuaderno de ejercicios 6/3 | Página 17

Los estudiantes utilizan los anuncios de trabajo del Tablón de anuncios para crear dos anuncios de trabajo de carácterísticas diferentes.

4 Lee | Página 71

Lee los anuncios e identifica el puesto o puestos al que se refiere en cada afirmación.

El ejercicio se centra en vocabulario clave relacionado con la descripción de empleos. Los estudiantes deben identificar el anuncio al que se refiere cada frase.

Respuesta

A entrenador/a de natación, esteticista, camarero/a, azafato/a y auxiliar de tienda.

B entrenador de natación

C Mozo/a de almacén, entrenador/a de natación, ayudante de cocina, teclista-pianista y camarero/a.

D Ayudante de cocina y esteticista

E Auxiliar de tienda

F Ayudante de cocina, esteticista y azafato/a

5 Escribe `Página 71`

El ejercicio tiene el objetivo de ampliar el vocabulario de los estudiantes proporcionándoles léxico para expresar la misma idea utilizando estructuras diferentes.

Respuesta

Tener...	Ser...
iniciativa	proactivo
cuidado	cuidadoso
creatividad	creativo
puntualidad	puntual
seriedad	serio
dinamismo	dinámico
buena presencia	presentable
don de gente	simpático y extrovertido
pasión	apasionado
responsabilidad	responsable

6 Habla `Página 71`

Los estudiantes demuestran su comprensión del vocabulario del ejercicio 5 elaborando definiciones y explicaciones para ilustrar las cualidades personales. Se sugiere que permita a los estudiantes unos minutos de preparación y si lo desea puede dirigir a cada estudiante a la cualidad que debe describir de manera que pueda dar las cualidades más fáciles de describir a los estudiantes menos hábiles y al revés.

Respuesta sugerida

Tener iniciativa: Cuando termino una tarea busco la manera de ser útil y no espero a que nadie tenga que venir a darme más trabajo. No me gusta estar sin hacer nada y utilizo mi sentido común para aprovechar el tiempo.

Ser cuidadoso: Cuando trabajo nunca rompo nada porque soy muy cauteloso y hago las cosas bien y sin prisas porque las prisas causan accidentes y problemas.

Ser creativo: Me gusta probar inventar cosas nuevas y siempre veo posibilidades en todo. Generalmente soy una persona bastante artística y me gustan los trabajos manuales.

Ser puntual: No me gusta llegar tarde

Ser serio: Soy una persona muy formal y siempre hago las cosas que digo que voy a hacer. Mi jefe puede confiar en mí.

Ser dinámico: Soy una persona jovial y me adapto bien a las situaciones porque generalmente soy optimista y tengo la actitud de "querer es poder".

Tener don de gentes: Me llevo bien con todo el mundo y soy una persona muy popular. No me da miedo hablar con personas que no conozco y soy muy afable.

Ser apasionado: Cuando una cosa me gusta mucho mi entusiasmo es contagioso y no puedo controlarlo.

Ser responsable: Siempre llego a tiempo, sigo las normas y políticas de la empresa y hago mi tarea lo mejor que puedo. Mi jefe puede contar conmigo porque no necesito que me supervisen constantemente.

7 Lee `Página 71`

Los estudiantes leen las experiencias laborales de los jóvenes y contestan a las preguntas. Si lo desea puede pedir a los estudiantes que justifiquen sus respuestas identificando la parte del texto que contiene la clave para su respuesta.

Respuesta

1 María José, 2 Elías, 3 Lara, 4 Lara, 5 Jesús

8 Comprensión `Página 71`

Este ejercicio se centra en lenguaje idiomático muy frecuente pero que no necesariamente tiene una traducción literal en otros idiomas. Los estudiantes deberán utilizar en contexto para descifrar el significado de las expresiones.

Respuesta sugerida

A Trabajé desde muy temprano por la mañana hasta muy tarde por la tarde/noche.

B Si el tiempo no es agradable para estar al aire libre, por ejemplo, si está lloviendo o hace mucho viento.

C Causa problemas en la relación con sus padres.

9 Habla Página 71

El objetivo lingüístico del ejercicio es que los estudiantes practiquen oralmente y tengan una plataforma para compartir sus experiencias y opiniones personales. Por otro lado, el ejercicio también tiene un objetivo socio-moral donde los estudiantes puedan considerar la sociedad consumista en la que vivimos. Para instigar más debate, puede contribuir ideas tales como la necesidad o justificación de que, en algunos países, adolescentes de 10 u 11 años presionen a sus padres para que estos les compren el último modelo de teléfono móvil o consola de videojuegos a pesar de que esto implica incurrir deudas significativas o grandes sacrificios.

10 Escribe Página 71

El ejercicio brinda a los estudiantes la oportunidad de compartir sus experiencias personales. Anime a los estudiantes menos hábiles a reciclar algunas de las estructuras utilizadas en las contribuciones de Jesús, Elías, Lara y María José al foro.

Respuesta libre

Talleres de preparación de currículums y cartas de presentación en OPPOE

1 Lee Página 72

Este ejercicio introduce a los estudiantes a un modelo de currículum con sus diferentes secciones y hace que las analicen en detalle para identificar las cinco frases correctas.

Respuesta

1   Dice que está cursando Administración y dirección de empresas en la universidad complutense de Madrid.

3   Menciona ambos: castellano y euskera como lenguas maternas.

6   Son parte de su trabajo en el supermercado donde trabaja.

8   Menciona Powerpoint como uno de los programas parte de sus conocimientos de ofimática.

10 Cursó ambos en el instituto Arenales Arroyomolinos.

2 Habla Página 72

Los estudiantes examinan el currículum de Elisenda en detalle para determinar si los trabajos mencionados serían adecuados para ella. Anímeles a considerar si serían ideales en estos momentos o en el futuro y las razones pertinentes.

Respuesta sugerida

Programadora: Tiene conocimientos de ofimática pero no de programación, no es un trabajo muy adecuado para ella.

Asistente administrativa dentro de una ONG: El trabajo ideal puesto que está cursando administración y dirección de empresas y tiene un interés en regiones subdesarrolladas que es primordialmente donde trabajan las ONGs. En estos momentos su disponibilidad no se lo permitiría pero sería ideal para el futuro, después de la universidad.

Monitora infantil dentro de un polideportivo: Tiene experiencia con niños y un certificado de primeros auxilios. Los niños están en el colegio mientras Elisenda está en la universidad así que el horario sería conveniente.

Técnica de laboratorio dentro de un hospital: No tiene experiencia ni estudios relacionados así que no sería una buena candidata.

📖 Cuaderno de ejercicios 6/4 Página 17

Los estudiantes utilizan la plantilla para escribir su propio currículum siguiendo el modelo de Elisenda.

3 Lee Página 72

En este ejercicio los estudiantes deben emparejar las dos partes de cada frase de manera que el resultado sea consejos para escribir un buen currículum. En esta ocasión, la gramática no va a ser de gran ayuda pues todas las frases tienen una estructura idéntica o muy similar así que para completar el ejercicio los estudiantes deberán centrarse en el contenido y significado de las frases.

Respuesta

1 **D**, 2 **B**, 3 **A**, 4 **F**, 5 **E**, 6 **C**

4 Lee y escribe Página 73

El objetivo del ejercicio es exponer a los estudiantes a las convenciones habituales al escribir una carta formal para solicitar un empleo. Los estudiantes deberán leer la carta por encima para identificar que se trata de una solicitud de empleo. Si lo desea, puede discutir con los estudiantes las diferencias o similitudes con las convenciones de su país, tales como dónde y cómo escribir la dirección del destinatario y remitente, la fecha, saludos formales...etc.

Respuesta

Carta de solicitud de empleo

5 Lee Página 73

Este ejercicio tiene el objetivo gramatical de repasar los tiempos verbales de indicativo. Los estudiantes también deberán traducir las frases al idioma del centro para verificar que comprenden su equivalencia al otro idioma.

Respuesta

	Ejemplo
El presente	Le escribo esta carta...
	Se solicitan jóvenes...
	Como puede ver...
	Trabajo en una tienda...
	Me conviene el horario...
	No hay mucho lugar...
	Siento que esto lista...
	Soy una persona...
	Tengo buena presencia...
	Me considero un individuo...
	Soy capaz de trabajar...
	Me adapto y aprendo rápido...
	Me atrae intensamente...
	Quedo a su entera disposición...
Pretérito imperfecto	Trabajaba con empleados
	Llevaban con mucha destreza...
Pretérito indefinido	Hace dos años tuve la suerte...
	Trabajé en el departamento de marketing...
	Fue una estancia corta...
	Fue una experiencia muy valiosa...
	Esta experiencia despertó mi interés...
Pretérito pluscuamperfecto	No había considerado anteriormente...
Futuro simple	Me trasladaré a Valencia...
	No será un problema...

Cuaderno de ejercicios 6/5 — Página 18

Rellena la tabla con la forma correcta del verbo *trabajar*.

	Presente	Pretérito indefinido	Pretérito imperfecto	Pretérito pluscuamperfecto	Futuro simple
Yo	trabajo	trabajé	trabajaba	había trabajado	trabajaré
Tú	trabajas	trabajaste	trabajabas	habías trabajado	trabajarás
Él/ella/Ud.	trabaja	trabajó	trabajaba	había trabajado	trabajará
Nosotros/as	trabajamos	trabajamos	trabajábamos	habíamos trabajado	trabajaremos
Vosotros/as	trabajáis	trabajasteis	trabajabais	habíais trabajado	trabajaréis
Ellos/ellas	trabajan	trabajaron	trabajaban	habían trabajado	trabajarán

Cuaderno de ejercicios 6/6 [Página 18]

Elisenda ha sido invitada a una entrevista laboral para el trabajo que solicitó. Lee su carta de solicitud de empleo al lado del ejercicio 4 en el libro del alumno y utiliza la información en la carta para contestar a las preguntas del Señor Esquival. Inventa las respuestas que no se mencionan en la carta.

Respuesta sugerida

1 Soy una persona responsable, puntual y seria en la que se puede confiar. Soy muy trabajadora y adaptable y tengo la capacidad de aprender rápido en nuevas situaciones.

2 Creo que mi punto débil es que soy demasiado exigente conmigo misma y puedo ser algo perfeccionista de manera que a veces me siento frustrada con mis compañeros cuando su trabajo no es de la misma calidad.

3 Estoy muy bien en la tienda y el horario me conviene mucho pero por desgracia no hay oportunidades para mi desarrollo profesional de manera que busco un nuevo reto.

4 Tengo muchas ganas de trabajar pero dada mi edad, mi experiencia es limitada. Hace dos años hice prácticas en el departamento de marketing en una compañía de fármacos y pienso que aprendí mucho.

5 Mi interés surgió cuando hice mis prácticas porque trabajé con unos profesionales excelentes de los que aprendí mucho. En realidad son mi modelo a seguir y aspiro a ser tan buena como ellos.

6 Escribe [Página 73]

Los estudiantes utilizan la carta de Elisenda como modelo para crear una versión más breve y simplificada solicitando uno de los empleos mencionados anteriormente en el libro de alumno. Recuerde a sus estudiantes que la carta debe reflejar la formalidad necesaria en este contexto.

Repuesta libre

Los participantes del foro OPPOE comparten sus aspiraciones y discuten el trabajo ideal para cada uno.

Los participantes del foro OPPOE comparten sus aspiraciones y discuten el trabajo ideal para cada uno

1 Habla [Página 74]

Este es un ejercicio de calentamiento. Anime a los estudiantes a razonar su respuesta reciclando algunos de los adjetivos de personalidad aprendidos en esta unidad para justificar su respuesta.

Respuesta

1 Veterinaria

2 Fotógrafa

3 Mujer de negocios/abogada/profesora

4 Azafata

2 Escribe [Página 74]

Este ejercicio introduce a los estudiantes a los valores que hacen que un trabajo sea bueno o malo para diferentes personas según sus opiniones. Los estudiantes deben considerar ventajas y desventajas de cada trabajo y se les ha proporcionado 5 ideas claves para hacer la tarea más fácil y variada.

Respuesta sugerida

Fotógrafo: Es un trabajo muy sociable porque se trabaja y conoce a mucha gente diferente.

La mujer de negocios: El impacto en la familia puede ser grande si tiene que trabajar los fines de semana.

Veterinario: Se necesita estudiar en la universidad para poder ejercer pero al final se puede conseguir un trabajo estable con un horario no muy agotador.

Azafata: Tener niños o una relación seria puede ser difícil para una azafata porque pasa mucho tiempo fuera de casa.

3 Comprensión [Página 74]

Los estudiantes leen el texto y demuestran su comprensión respondiendo a las preguntas.

Repuesta

1 Porque le gustaría viajar y ver el mundo.

2 Porque si desea tener una familia, querrá estar más tiempo en casa y eso no es posible cuando es azafata.

3 Cree que se necesita mucha paciencia.

4 Comprensión [Página 74]

Al igual que en el ejercicio anterior, los estudiantes leen el texto y demuestran su comprensión en este identificando los empleos mencionados por Armando y la razón por la que decidió no hacerlos.

Respuesta

Empleo	Razón para no hacerlo
Bombero	No es glamoroso
Soldado	No le gusta seguir órdenes, no es una persona violenta
Diseñador	No dibuja bien
Médico	Se marea o se desmaya al ver sangre

5 Lee | Página 74

Los estudiantes traducen los conectores resaltados al idioma del centro. Anímeles a descifrar su significado según el contexto antes de buscarlos en el diccionario si procede. Puede si lo desea hacer que les estudiantes también traduzcan los conectores adicionales del cuadro de gramática e incluso que añadan otros traducidos del idioma del centro.

6 Lee | Página 74

El ejercicio tiene el objetivo de ampliar el vocabulario de los estudiantes. Los estudiantes buscan en el texto las expresiones o palabras con el mismo significado que las tres dadas en el ejercicio.

Respuesta

1   se me dan bien

2   descartar

3   me di cuenta

7 Habla | Página 75

Este ejercicio brinda a los estudiantes la oportunidad de anticipar algunas de las ideas que luego se transmitirán en el texto al tiempo que practican oralmente sus opiniones al respecto de la falta de satisfacción en el lugar de trabajo.

Respuesta libre

8 Lee | Página 75

El objetivo del ejercicio es valorar la comprensión lectora de los estudiantes para lo que deben identificar el porcentaje correcto para cada afirmación.

Respuestas

A 12%, B 12%, C 18%, D 11%, E 32%

9 Lee y escribe | Página 75

Este ejercicio requiere una comprensión más profunda del texto para poder terminar las frases según su sentido.

Respuesta sugerida

1   los empleados y su jefe están muy relacionados con la satisfacción laboral.

2   no se siente feliz con su trabajo.

3   la falta de un buen contrato laboral.

4   no se siente valorado por su empresa.

5   sentirte bien y conforme con él.

6   los trabajadores hagan su parte.

10 Habla | Página 75

Este ejercicio ofrece a los estudiantes la oportunidad de expresar sus opiniones en relación a los elementos importantes y/o secundarios a la hora de buscar empleo. Es una plataforma para que practiquen el vocabulario y estructuras que han visto hasta el momento y en particular, vocabulario y estructuras vistas en la lectura sobre la satisfacción en el lugar de trabajo.

Respuesta libre

📖 Cuaderno de ejercicios 6/7 | Página 19

Haz una lista de los 10 elementos que piensas que definen el trabajo ideal.

Los estudiantes consideran los elementos que han visto y discutido en los ejercicios del libro del alumno y eligen los 10 elementos que consideran más importantes para el trabajo ideal.

11 Escribe | Página 75

En este ejercicio los estudiantes escriben sobre sus planes profesionales. Anímeles a considerar y mencionar los elementos que constituyen un empleo ideal mencionados hasta el momento.

Respuesta sugerida

Estimados señores

En el futuro me gustaría trabajar como asistente social porque me gusta ayudar a la gente y me parece muy triste la situación de algunos miembros de nuestra sociedad. Cómo asistente social trabajaría para el ayuntamiento así que tendría estabilidad laboral y unas condiciones justas, aunque soy consciente de que mi horario no va a ser del todo sociable porque no se puede prever cuando una personal vulnerable va a necesitar ayuda inmediata. Para poder ser asistente social necesito cursar la carrera universitaria y me preocupa el coste de esta. También me preocupa que en el clima actual, los salarios son muy bajos incluso para los trabajos para los que se ha estudiado y esto no me parece justo.

Atentamente

Marta Soria

Repaso

1   Habla Página 76

Los estudiantes describen las fotos utilizando al menos cuatro de las palabras en el recuadro.

1   Es un **aula** de un colegio. Parece que a la **maestra** le gusta su trabajo pues en la foto parece **sonreír** y los **niños** también parecen contentos.

2   La foto se sacó en un **hospital** donde hay una **médico** con un **estetoscopio**. Ella y sus compañeros están mirando una **radiografía** con gran interés.

3   En la foto hay un **pastelero** al que le gusta **cocinar** y está decorando unos **postres** dulces.

4   En la foto se ve una **estación de bomberos**. Al fondo se ve una estantería con **cascos** y una barra con **chaquetas** colgadas como parte del equipo esencial para apagar **fuego**.

2   Escribe Página 76

Los estudiantes repasan los adjetivos de descripción de personalidad que han visto en esta unidad.

Respuesta

Profesora infantil: Creativa, simpática, don de gentes, paciente e inteligente.

Médico: Educado, tranquilo, responsable, serio, empático y compasivo.

Pastelero: Creativo, limpio, imaginativo, disciplinado.

Bombero: Fuerte, valiente, don de gentes.

3   Escribe y habla Página 76

Los estudiantes preparan una presentación centrándose en las ventajas y aspectos positivos de una de las cuatro profesiones.

4   Escribe Página 76

Los estudiantes expresan su opinión justificada acerca de uno de los trabajos de una forma breve.

Respuesta posible

Me gusta trabajar con niños y soy una persona muy jovial, alegre, paciente y creativa por eso me interesa ser profesora.

7 Los deportes y la salud

Área temática	Trabajo y ocio El individuo y la sociedad
Tema	Salud física
Aspectos	Los deportes y los pasatiempos Las actividades extraescolares Estar en buena forma Llevar una vida sana Seguir una dieta sana Los trastornos de la alimentación Las organizaciones benéficas
Gramática	Imperativo informal (repaso) Subjuntivo Conectores (continuación)
Tipo de texto	Artículo Folleto Hoja informativa Red social Entrevista Correo electrónico Cuestionario Poster Diario Correo electrónico Blog
Rincón del BI	**Teoría del Conocimiento** • ¿Los deportes competitivos unen a la gente o crean rivalidades? **Trabajo escrito** • Comportamiento de los aficionados del deporte nacional en tu cultura y una cultura hispanohablante. **Oral individual** • Estímulos visuales: Fotos de jóvenes practicando deportes diversos. Fotos de jóvenes haciendo actividades más sedentarias, comiendo 'comida basura', etc... • Conversación comparando los diferentes estilos de vida de forma crítica, señalando los problemas de salud derivados de algunos malos hábitos. Relacionar con el estilo de vida del estudiante. **Producción escrita** • Has entrevistado a un/a atleta famoso/a y le has preguntado por sus éxitos qué hizo para lograrlos, lo que hace para mantenerse saludable y sus planes para el futuro. Escribe el texto completo de la **entrevista** para el periódico escolar. (Escribe al menos 100 palabras).

Vida Activa = Vida Sana

1 Introducción Página 77

En la introducción de esta unidad se presenta a varios deportistas que hablan español y se anima a los estudiantes a buscar información sobre ellos.

Respuesta posible

1 Rafael "Rafa" Nadal es jugador profesional de tenis. Nació en el junio de 1986 en Manacor, en las Islas Baleares. Ha ganado varios campeonatos, entre ellos, catorce torneos de Grand Slam, nueve torneos de Roland Garros y el Campeonato de Wimbledon dos veces. También ha logrado la medalla de oro en los Juegos Olímpicos de Pekín.

2 Lionel Messi nació en junio de 1987, juega al fútbol con el FC Barcelona y también es capitán del equipo argentino. Es uno de los mejores futbolistas del mundo y ha ganado seis veces la Liga, dos la Copa del Rey, seis la Supercopa de España, tres la Liga de Campeones de la UEFA y dos veces la Copa del Mundo.

3   Mariana Pajón es una ciclista colombiana (nacida el 10 de octubre de 1991 en Medellín) y es la número uno en el escalafón mundial de la Unión Ciclista Internacional (UCI). Fue medallista de oro en los Juegos Olímpicos de Londres 2012 y ha ganado varios campeonatos mundiales, estadounidenses y latinoamericanos. Uno de sus apodos es "la Reina del BMX" (BMX significa *Bicycle Motocross*, y es una modalidad acrobática del ciclismo que es deporte olímpico desde el 2008).

4   Miguel Cabrera Torres es un beisbolista profesional venezolano, nacido el 18 de abril de 1983. Ha jugado en equipos en Florida, Detroit y Venezuela, y ha ganado varios premios, como por ejemplo: el Campeonato de la Serie Mundial y el Juego de Estrellas (8 veces).

Nota – todos los datos son correctos a la hora de escribir.

Alba, una chica muy deportista, acaba de empezar en un nuevo instituto, y quiere saber más sobre las actividades que puede hacer allí

1   Lee   `Página 78`

Respuestas

1 el fútbol, 2 el hockey, 3 la natación, 4 el rugby, 5 el tenis, 6 el atletismo, 7 el baloncesto, 8 el balonvolea

2   Lee   `Página 78`

Respuestas

A   3   la natación
B   1   el hockey
C   2   el fútbol
D   5   el rugby
E   7   el balonvolea
F   6   el baloncesto
G   8   el atletismo
H   4   el tenis

3   Lee   `Página 78`

Respuestas

1 tamaño, 2 partidos, 3 el fin de semana, 4 equipo, 5 el palo, 6 los chicos, 7 el portero, 8 masculino, 9 el entrenamiento, 10 en el interior, 11 red, 12 almacén, 13 fuera, 14 vallas, 15 pelotas, 16 parejas

 Cuaderno de ejercicios 7/1   `Página 20`

4   Habla   `Página 79`

El objetivo de este ejercicio es el de reforzar el vocabulario y estructuras, permitiendo a los estudiantes el reciclar las formas lingüísticas presentadas en los ejercicios anteriores.

5   Escribe   `Página 79`

Este ejercicio de producción escrita libre, consolida el vocabulario y estructuras que los estudiantes han practicado en las actividades anteriores y permite practicar la escritura de mensajes electrónicos informales.

Los estudiantes deben imaginar que han estado en otro instituto previamente (un instituto que puede tener una oferta deportiva muy parecida a la del instituto de Alba, aunque esto no es necesario). Anime a los estudiantes más hábiles a que sean todo lo creativos que puedan.

6   Lee   `Página 79`

Este ejercicio de comprensión lectora sirve para introducir las actividades deportivas solidarias y el léxico asociado con este campo, empezando con algunos verbos de uso muy frecuente como colaborar, recaudar, promover.

7   Escribe   `Página 79`

Respuestas

1 PONER, 2 COLABORAR, 3 UTILIZAR, 4 PROMOVER, 5 RECAUDAR, 6 HACER, 7 VENDER, 8 MONTAR

8   Habla   `Página 79`

El objetivo de esta actividad es activar ideas y vocabulario sobre el deporte solidario.

9   Investiga   `Página 79`

Este ejercicio tiene un objetivo socio-moral (el de aprender más sobre el deporte solidario) así como el objetivo de permitir que los estudiantes puedan encontrar información sobre *Cycle Cuba* a fin de empezar a desarrollar sus propias ideas sobre el deporte solidario. *Cycle Cuba* consiste en recorrer Cuba en bicicleta en tres etapas (Jibacoa Beach a Matanzas, 70 km; Matanzas a Zapata, 84 km; Cienfuegos a Trinidad, 88 km). Se necesitan cuatro días: el primer día para el traslado de Londres a la La HabLa, y un día completo para cada una de las tres etapas. Los participantes pagan la inscripción en la carrera (casi 300 libras británicas) y se comprometen a recaudar un mínimo de £2900 para la organización benéfica de su elección o a pagar de su bolsillo £1399 (para cubrir sus propios gastos).

10 Imagina Página 79

Ponga a los estudiantes en parejas o pequeños grupos para que trabajen en el poster. Organice una exposición con todos los posters (por ejemplo, puede poner los posters en las paredes de la clase) y pida que cada grupo presente su poster al resto de la clase.

En la puesta en común y según lo que digan los estudiantes, se puede hablar sobre la importancia social y económica de los eventos deportivos benéficos. ¿Quiénes creen que se benefician? ¿Solo las organizaciones benéficas y sus proyectos? ¿Se beneficia alguien más, como por ejemplo las muchas compañías comerciales que organizan y gestionan este tipo de eventos? ¿Creen que hay mucho dinero en juego? ¿Cuál es la situación en su propio país?

Las actividades extraescolares de Alba

1 Lee Página 80

El objeto de este ejercicio es el de introducir el tema de las actividades extraescolares, y el léxico y estructuras lingüísticas apropiado para hablar de ello. El registro de esta conversación entre jóvenes en una red social es relativamente formal, como corresponde a un intercambio escrito, aunque usan términos informales como "insti" por "instituto", "genial" por "muy bueno".

2 Escribe Página 80

1 Respuesta

A   1999EduardoT

B   M@nolo

C   Rafafafa

D   Luisa77

E   M4ribel

2 Respuesta

Club de danza

Club de teatro

Clases de guitarra

Jugar al baloncesto

Jugar al fútbol

Hacer atletismo

Clases de inglés

Club de cine

3 Habla Página 80

Es un ejercicio de preparación para que los estudiantes hablen sobre sus propias actividades extraescolares – las que hacen y también las que les gustaría hacer. En parejas o en grupos pequeños.

4 Escribe Página 80

Ejercicio escrito que ofrece una plataforma para que los estudiantes expliquen sus propias experiencias en el tema de las actividades extraescolares, brinda la oportunidad de reforzar el vocabulario y las estructuras que han aprendido para referirse a este tema.

5 Lee Página 81

En este ejercicio los estudiantes leen y extraen información de una tabla con horarios de actividades extraescolares (día, actividad, hora, lugar) para usarla en los ejercicios 7 a 9 siguientes. Se puede realizar en parejas si se desea.

6 Habla Página 81

En este ejercicio se práctica, en parejas, el imperativo informal (tú) que se acaba de presentar en estas páginas usando la información ofrecida en la tabla de horarios del ejercicio anterior.

7 Escribe Página 81

Este es un ejercicio que consiste en escribir una breve nota invitando a otro estudiante a ir con ellos a una de las actividades. El objetivo es practicar el imperativo informal ("ven conmigo", "trae", "no olvides", etc.), así como reforzar el vocabulario aprendido hasta el momento.

8 Escribe Página 81

Ejercicio de escritura para reforzar el vocabulario y estructuras para referirse a las actividades extraescolares, así como practicar el uso de gustar y de los verbos en pasado y en condicional.

Disfruta de una vida saludable

1 Lee y escribe | Página 82

Respuestas

El Plan Saludable te <u>aconseja</u> que

...que <u>consumas</u> cafeína en moderación

El Plan Saludable te <u>recomienda</u>

...que <u>prestes</u> atención a las etiquetas

... que <u>tomes</u> grasas y azúcares en moderación

... que <u>bebas</u> suficiente agua

... que <u>controles</u> el consumo de alcohol

... que no <u>consumas</u> drogas

... que <u>evites</u> el tabaco

El Plan Saludable le sugiere

.... que <u>mantengas</u> un buen balance entre el trabajo y el ocio

... que no <u>tengas</u> una vida sedentaria

...que <u>hagas</u> ejercicio y que <u>duermas</u> bien

(La gimnasia) Es un deporte individual que se hace en una sala grande con equipo como las anillas, la barra y las paralelas. Aunque se hace solo, los competidores reciben puntos para su equipo, y así se puede ganar competiciones.

(El golf) Es un deporte individual que se hace afuera. Hay que dar un golpecito a una pelota pequeña para que caiga en un agujero pequeño mientras el competidor anda por un campo. Normalmente el juego consiste en 18 hoyas en total y hace falta usar palos de diferentes tamaños.

 ## Cuaderno de ejercicios 7/2 | Página 20

Respuestas

1 vayas, 2 hagas, 3 bebas, 4 fumes, 5 salgas, 6 duermas, 7 comas, 8 consumas

 ## Cuaderno de ejercicios 7/3 | Página 21

Respuestas posibles

1   Te aconsejo que traigas los cuadernos a clase.

2   Te sugiero que vengas a clase con el equipo correcto.

3   Te aconsejo que no hables mucho en clase.

4   Te sugiero que no uses el teléfono móvil en clase.

5   Te recomiendo que completes los deberes al llegar a casa.

2 Habla | Página 82

Los estudiantes hablan en parejas y después ponen en común la lista de consejos que han preparado en base a la información en el texto *El Plan Saludable*.

3 Lee y escribe | Página 82

El objetivo de este ejercicio es el de reconocer y subrayar las formas verbales en subjuntivo. Las respuestas correctas están subrayadas arriba en la respuesta al ejercicio 1.

4 Lee y escribe | Página 82

Estos son los consejos que se desprenden de cada viñeta. Estos consejos están formulados usando el imperativo informal. Puede pedir a los estudiantes que transformen las oraciones en consejos y recomendaciones usando el subjuntivo, completando frases como "La revista aconseja que... comas con moderación", "La revista recomienda que... tomes al menos 5 porciones de fruta y verdura al día".

1   Come con moderación

2   Toma al menos 5 porciones de verdura o fruta al día

3   Haz ejercicio

4   Bebe agua

5   Duerme bien

6   Mantén un balance entre el trabajo y el ocio

5 Comprensión | Página 83

1   Falso – es vital vigilar la cantidad de sal, grasa y azúcar en la comida.

2   Verdadero – Debemos hacer el esfuerzo de elegir vegetales o frutas de colores brillantes ya que contienen más antioxidantes.

3   Falso – Hacer ejercicio ayuda a controlar el estrés y mejorar el estado de ánimo.

4   Verdadero – es importante beber 8 vasos de agua como mínimo porque el cuerpo humano transporta los nutrientes y el oxígeno a través del agua.

5   Falso – Dormir bien consiste en descansar lo suficiente.

6   Verdadero – salir con los amigos es una de las cosas que puedes hacer para relajarte y disfrutar.

Cuaderno de ejercicios 7/4 | Página 21

Esto es un ejemplo de una posible manera de clasificar los alimentos de la lista.

Puede comentar que esta categorización es relativa. Por ejemplo, el té tiene cafeína y por ello se podría decir que no es saludable. De la misma manera, el queso contiene mucha grasa, lo que es malo, y el vino se puede considerar sano en moderación.

muy sanos	menos sanos	no saludables
las verduras la carne el pescado el agua con gas el arroz la leche	el zumo de naranja el té el queso	las hamburguesas la pizza las salchichas las galletas los pasteles la cerveza el vino la mermelada

Los alumnos tienen que escribir consejos a jóvenes, usando una idea de la lista de 'causas' y otra de la lista de 'efectos', vinculando las ideas con un conector.

Ejemplo: Fumas, por eso tienes problemas cardiacos y respiratorios. Te aconsejo que dejes de fumar.

6   Lee `Página 83`

Respuesta

los alimentos	la comida
con regularidad	con frecuencia
desenchufarse	desconectarse
una gama	una variedad
pasatiempos	el entretenimiento

7   Lee `Página 83`

Los alumnos tienen que leer la entrevista con Francisco Javier Gómez Noya, un triatleta profesional español.

8   Comprensión `Página 83`

A   4   ¿Cómo empezaste a hacer triatlones?

B   1   ¿Cómo es un día típico para ti?

C   3   ¿Qué más haces para mantenerte en forma?

9   Comprensión `Página 83`

Respuesta

1 me puse a, 2 posición, 3 ligera, 4 el almuerzo, 5 el velódromo, 6 hortalizas, 7 me relajo, 8 entreno, 9 demanda, 10 les acompaño

10   Escribe `Página 83`

Respuesta posible

Hola Roberto

Debo decirte que creo que no llevas una vida sana y esto me preocupa mucho, y también preocupa a tus familiares y tus otros amigos y amigas. Debes hacer un esfuerzo por cambiar tus costumbres. Por ejemplo, debes comer menos grasas y más verduras. También tienes que hacer ejercicio con regularidad. El agua es necesaria: bebe al menos 8 vasos de agua cada día. No olvides que el descanso es muy importante. Por ello debes intentar dormir bien por las noches. Pero no dejes de salir con tus amigos y amigas, que esto también es muy importante para estar bien.

Tu amiga

Ana

La sociedad nos necesita

1   Lee `Página 84`

Respuesta

1 Médicos del Mundo	F	Una asociación independiente que trabaja para hacer efectivo el derecho a la salud para todas las personas
2 La Cruz Roja	C	Su misión es prevenir y aliviar el sufrimiento y la desprotección de las personas y proteger su vida y su salud sin discriminación.
3 Amnistía Internacional	A	Un movimiento de defensa de los derechos humanos, independiente de cualquier gobierno o ideología política.
4 Acción contra el hambre	E	Una organización humanitaria internacional, que combate la desnutrición a la vez que garantiza el acceso al agua.
5 Unicef	D	Trabaja para mejorar las condiciones de vida de los niños y garantizar que todos los derechos de la infancia se cumplan.
6 ONCE	B	Una fundación que lucha por la cooperación e inclusión social de las personas con discapacidades visuales.

2   Investiga `Página 84`

El objetivo de este ejercicio es el de reunir información para poder completar los ejercicios siguientes. Los estudiantes pueden trabajar en parejas o grupos pequeños.

3 Lee
Página 84

Este ejercicio de lectura sirve de preparación, a la vez que introduce vocabulario y conceptos relacionados con el tema.

4 Lee y escribe
Página 84

En la puesta en común, puede hablar sobre el hecho de que las razones que llevan a la gente a participar de forma voluntaria en una asociación no suelen ser simples. Con frecuencia estas razones son variadas y aún contradictorias.

Respuesta

1 La forma de pensar que dice que todos los humanos tenemos un valor

2 El sentimiento de egoísmo, es decir, hacer algo por autointerés

3 La necesidad personal de ayudar a los demás

4 La necesidad de querer hacer algo útil

5 Tener nuevas experiencias y relacionarse con gente similar

6 La necesidad personal de mejorar la sociedad

7 Por intereses profesionales

5 Habla
Página 84

Ejercicio de práctica oral con el objetivo de usar el vocabulario que ha sido presentado hasta el momento así como el objetivo de proporcionar a los estudiantes la oportunidad de empezar a formular sus propias opiniones sobre el tema.

Unos jóvenes de tu instituto van a hacer dos semanas de prácticas en un refugio juvenil en Madrid

6 Lee
Página 85

El texto procede de la Oficina Joven del Ayuntamiento de Madrid, España y tiene por objeto dar a conocer los Refugios Juveniles. Este texto sirve para introducir de nuevo el tema de las actividades deportivas o al aire libre, esta vez en el contexto del voluntariado.

7 Comprensión
Página 85

Respuestas

1 Un lugar para jóvenes donde se facilita el desarrollo de actividades al aire libre.

2 Son para grupos de jóvenes pero la gente de cualquier edad puede también hacer una reserva.

3 Calefacción y/o chimenea de leña, agua fría/caliente, luz eléctrica, una pequeña cocina o microondas.

4 Saco de dormir.

5 De lunes a viernes de 9h-14h.

8 Habla y escribe
Página 85

Ejercicio de práctica oral y escrita realizado en parejas. El objetivo es que los estudiantes preparen en parte la información que luego ampliarán en el ejercicio siguiente.

9 Escribe
Página 85

Este ejercicio puede hacerse de forma individual, en parejas como el anterior, o en pequeños grupos (según el tiempo de que disponga).

10 Escribe
Página 85

Ejercicio de práctica escrita más extensa en que brinda a los estudiantes la oportunidad de integrar todos los elementos lingüísticos que han visto en estas páginas.

El Consultorio Sentimental

1 Lee
Página 86

Los alumnos tienen que leer los correos electrónicos de algunos jóvenes sobre los problemas que tienen con la comida.

2 Lee
Página 86

Respuestas

1 Presionada, 2 Chico Alérgico, 3 Preocupada

3 Discute
Página 87

Aquí se puede empezar a hablar de varios posibles problemas relacionados con la alimentación que pueden afectar a los jóvenes. Debe tener en cuenta que algunos estudiantes podrían sufrir problemas graves como anorexia o bulimia, y es posible que no quieran hablar del tema.

4 Escribe [Página 87]

Respuestas

1 familiares

2 los productos químicos presentes en alimentos procesados

3 padres

4 padres

5 el desayuno

 Cuaderno de ejercicios 7/5 [Página 22]

5 Lee [Página 87]

Correo 1: "<u>pero</u> tengo mucho miedo"; "<u>pero</u> que también está en varias verduras y aceites", "<u>así que</u> muchas veces tengo miedo".

Correo 2: "y <u>por eso</u> preferiría no tomarlos, "<u>aunque</u> tampoco quiero ofender a mis padres".

Correo 3: "<u>pero</u> durante el día no tengo hambre", "<u>sin embargo</u> lo único que me apetece es un vaso de agua".

6 Escribe [Página 87]

Respuesta

1 D, 2 F, 3 A, 4 E, 5 B, 6 C

7 Imagina y escribe [Página 87]

El objetivo de este ejercicio es la práctica escrita del vocabulario y estructuras que se han aprendido en estas páginas. Los estudiantes deben escribir un correo en primera persona explicando un trastorno de la alimentación siguiendo como modelo lo mensajes al Doctor Comida del ejercicio 1. Deje claro que los estudiantes no deben explicar en clase un problema real – deben usar su imaginación e inventarse todos los detalles necesarios.

8 Lee y escribe [Página 87]

En este ejercicio los estudiantes trabajan en parejas. Primero leen el correo electrónico que cada uno de ellos ha escrito al Doctor Comida en el ejercicio anterior. Luego dan su opinión por escrito sobre lo que su compañero/a puede hacer en esa situación que describe. Recuérdeles que usen verbos en imperativo (como en los consejos del Doctor Comida, en el ejercicio 2).

9 Imagina y escribe [Página 87]

Este es un ejercicio de práctica escrita más extensa que permite a los estudiantes el poner en práctica todo el vocabulario que han visto en estas páginas. Recuérdeles que deben inventarse la información – es importante que no se refieran a problemas personales auténticos.

Repaso

1 Lee [Página 88]

Esta es la puntuación de cada pregunta en el cuestionario.

1	a – 0	b – 10	c – 5
2	a – 5	b – 10	c – 0
3	a – 10	b – 5	c – 0
4	a – 5	b – 0	c – 10
5	a – 10	b – 5	c – 0
6	a – 5	b – 10	c – 0
7	a – 10	b – 5	c –0
8	a – 5	b – 0	c –10
9	a – 0	b – 10	c – 5
10	a – 10	b – 5	c – 0

2 Discute y escribe [Página 88]

Este es un ejercicio para practicar las destrezas orales y escritas, así como poner en común los resultados del cuestionario. Forme grupos de tres estudiantes y pídales que primero pongan en común sus resultados en el cuestionario. Finalmente, deben escribirse consejos los unos a los otros sobre dos aspectos: dieta y ejercicio.

3 Imagina y escribe [Página 88]

En este ejercicio de práctica escrita, los estudiantes trabajan de forma individual poniendo en uso las principales estructuras lingüísticas y gramaticales que han visto en esta unidad.

8 La tierra en peligro

Área temática	El medio urbano y rural
Tema	Preocupaciones medioambientales
Aspectos	El reciclaje Comercio justo Embalaje Contaminación Cambio climático
Gramática	Conectores: causa y efecto El condicional (repaso) Oraciones condicionales
Tipo de texto	Artículo Comentario web Carta Definición Encuesta Cartel
Rincón del BI	**Teoría del Conocimiento** • Discutir las cuestiones éticas sobre la explotación de recursos naturales o su preservación. **Trabajo escrito** • Investigar las medidas que los ciudadanos han tomado para ayudar al medio ambiente en las diferentes culturas y sus actitudes con respecto al respeto y protección del medio ambiente. **Oral individual** • Estímulos visuales: Fotos de jóvenes haciendo tareas de ayuda al medio ambiente: limpiando, reciclando, plantando, etc... • Conversación sobre los problemas medioambientales más acuciantes en el lugar donde vive el estudiante y las posibles soluciones. **Producción escrita** • Escribe un **comentario** sobre un artículo sobre ecología que has leído en internet. Comenta lo que te ha gustado del artículo, lo que opinas de la protección del medio ambiente y tus propuestas para mejorar la situación en tu ciudad. (Escribe al menos 100 palabras).

Esta unidad en el área temática de medio urbano y rural está dedicada al tema de las preocupaciones medioambientales. Los estudiantes trabajarán en una serie de aspectos relacionados con el entorno tales como el reciclaje, el comercio justo, el embalaje de los productos, la contaminación y el cambio climático. La gramática que complementa la unidad se centra mayoritariamente en la práctica del condicional y los conectores de causa y efecto.

1   Introducción   Página 89

Esta es una actividad de calentamiento con el objetivo de exponer a los estudiantes a vocabulario clave bastante básico en relación al tema del medio ambiente, sus problemas y soluciones. No se espera que los estudiantes puedan reconocer cada símbolo ni el ejercicio proporciona suficiente vocabulario para ello (pero se sugieren respuestas posibles – vea abajo). Se espera que los estudiantes encuentren al menos un símbolo con el que relacionaría cada concepto, de este modo demostrando que comprenden su significado. Hay varios símbolos que pueden representar el mismo concepto y también hay símbolos que pueden representar más de un concepto (vea abajo). Si lo desea, puede animar a sus estudiantes más hábiles para que con el uso del diccionario adquieran vocabulario adicional.

Repuesta sugerida

Línea 1 de izquierda a derecha:

El reciclaje, la reforestación de los bosques, la selección de basuras, la protección del planeta, las pilas recargables.

Línea 2 de izquierda a derecha:

Los vehículos eléctricos, el embalaje excesivo, la energía eólica, la selección de basuras/reciclaje, el malgasto de agua.

Línea 3 de izquierda a derecha:

El embalaje excesivo (también arriba), los productos reciclados, el calentamiento global, la energía solar, las bombillas de bajo consumo.

Línea 4 de izquierda a derecha:

La selección de basuras/el reciclaje (también arriba), la protección de la flora, la contaminación atmosférica (también arriba), la selección de basuras/papel, la selección de basuras.

Línea 5 de izquierda a derecha:

La lluvia ácida, las bolsas recicladas, el reciclaje/el reciclaje de papel, [la protección del medio ambiente/ el lugar para tirar excrementos de perro, el reciclaje/la selección de basuras (también arriba).

2 Habla Página 89

El ejercicio brinda a los estudiantes la oportunidad de compartir sus opiniones, que pueden ser relativamente básicas, al tiempo que usted puede medir el interés y conocimientos de los estudiantes sobre el tema.

Javier, profesor de ciencias sociales, busca inspiración para escribir el programa de trabajo sobre el medioambiente para sus alumnos. En primer lugar se plantea enseñarles sobre la importancia del entorno y del reciclaje

1 Lee Página 90

Este ejercicio es una extensión del ejercicio oral en la página anterior. Ahora se sugieren preguntas específicas, en algunas de las cuales, puede que los estudiantes no hayan pensado hasta ahora. Anime a los estudiantes a añadir otras acciones para el cuidado del medio ambiente en la sección 5.

2 Lee y habla Página 90

Los estudiantes comparan sus respuestas al ejercicio anterior y deberán intentar justificarlas, defendiéndolas ante su compañero/a.

3 Lee y escribe Página 90

El ejercicio tiene el objetivo de ampliar la base de vocabulario relacionada con el tema del reciclaje al mismo tiempo que los estudiantes tienen la oportunidad de hacer un diagnóstico de las instalaciones y servicios de reciclaje disponibles en sus respectivas zonas.

Respuesta sugerida

En mi barrio se puede reciclar materia orgánica, botellas de plástico, latas de aluminio y periódicos viejos en los contenedores que tenemos . Yo siempre reciclo estos productos porque es fácil y lo puedo hacer en casa.

Para reciclar, las pilas se llevan al supermercado. Las botellas de vidrio y la ropa se llevan al centro de reciclaje o a los contenedores especiales en algunos centros comerciales y supermercados. Yo sí hago un esfuerzo para reciclar todas estas cosas, pero no estoy muy segura de dónde se recicla el aceite de cocina o de vehículos. En mi ciudad, tampoco creo que se reciclan los tetrabriks® o envases.

4 Investiga Página 90

El ejercicio tiene más bien un objetivo socio-cultural pues no se centra en el aprendizaje del idioma si no en las ventajas del reciclado y la importancia y resultados de los procesos de reciclaje. Se recomienda que permita a sus estudiantes que hagan la investigación en el idioma del centro pues podrían enfrentarse a muchas páginas de web donde el lenguaje técnico de los procesos de reciclaje podría dificultar la identificación de los puntos más esenciales. Dirija a los estudiantes a concentrarse más bien en las ventajas de reciclar el producto y el producto al final del proceso.

5 Escribe y habla Página 90

Aquí los estudiantes resumen su investigación para presentarla al resto de la clase. Recomiende que eviten una descripción muy detallada del proceso de reciclaje pues probablemente contenga mucho vocabulario técnico. Si lo desea, puede utilizar las presentaciones de los estudiantes como una oportunidad de comprensión auditiva pidiendo al resto de la clase que tome notas.

Respuesta sugerida

Las baterías de coche

El proceso de reciclaje de las baterías de coche y baterías similares tiene mucho éxito porque consigue reciclar el 98% de los materiales. Una ventaja principal del reciclaje es que reciclar baterías es más barato que reciclar baterías nuevas.

Las baterías se mandan a plantas especiales donde se separan los tres materiales principales: plástico, plomo y ácido sulfúrico. El plástico y el plomo se mandan de nuevo a fabricantes de baterías que los reutilizan para nuevas baterías mientras que el reciclaje del ácido sulfúrico tiene dos posibilidades. Se puede neutralizar convirtiéndolo en agua (el agua necesita más tratamiento para poder ser consumida) o se puede convertir en un producto (sulfato de sodio) utilizado en la producción de detergentes para la lavar la ropa, cristales o materiales textiles.

Las pilas

Es importante reciclar las pilas porque el 30 por ciento de su contenido son elementos químicos considerados tóxicos para la salud y el medio ambiente por lo que es importante evitar que estos acaben en el suelo, agua o aire a través de su oxidación o quema al ser tirados en la basura normal.

Cuando reciclamos las pilas, estas se mandan a plantas especializadas donde se separan sus tres elementos principales: acero, papel y plástico y concentrado de zinc y manganeso. Todos estos elementos vuelven al mercado para ser reutilizados de manera que las pilas son en realidad 100% por cien reciclables.

Las botellas de vidrio

En resumen, las botellas de vidrio que reciclamos vuelven a nuestros hogares como otras botellas o tarros de vidrio y este proceso se puede repetir indefinidamente.

Una botella de vidrio tarda unos 4.000 años en biodegradarse por lo que su reciclaje es esencial.

Cuando las botellas de vidrio son recicladas, llegan a una planta especializada donde se separan los materiales, tales como los anillos metálicos de las tapas o el papel de las etiquetas y luego se funden para crear nuevos envases de vidrio.

Lo más importante del reciclaje de vidrio es el ahorro de energía: cada botella de vidrio que reciclamos ahorra suficiente energía para el funcionamiento de un ordenador durante 20 minutos o de una bombilla durante casi una hora.

Javier, el profesor de ciencias sociales, se interesa por el reciclaje y explora las consecuencias de no reciclar

1 Comprensión Página 91

Este es un ejercicio de comprensión donde los estudiantes deben identificar las palabras del texto que corroboran o contradicen las frases del ejercicio.

Respuesta

1 Falso: "el 80% de los desechos continúa mezclados".

2 Falso: "la botella de plástico que tiramos a la papelera en la calle va a tardar 700 años en descomponerse".

3 Verdadero: "El aluminio tarda ochenta años en descomponerse, el vidrio quinientos".

4 Verdadero: "con cuatro botellas de plástico recicladas, se ahorra la energía que consume un frigorífico durante 24 horas".

5 Falso: "la familia media consume cada año el papel y cartón equivalente a seis árboles".

6 Verdadero: "el vertido de plástico en los océanos [...] destruye la vida submarina".

2 Lee y escribe Página 92

En este ejercicio los estudiantes deben pensar en la relación de causa-efecto y decidir cuáles son las causas de los problemas ecológicos a que se refiere cada frase.

Respuesta posible

Ejemplo: Las iniciativas de concienciación entorno al reciclaje no son suficientemente efectivas, consecuentemente la mayoría desechos continúan siendo mezclados.

2 Somos perezosos y nos inclinamos por la conveniencia, así que tenemos vertederos llenos de sustancias reciclables que tardarán cientos de años en degradarse.

3 No reciclamos todo el papel y cartón que podríamos reciclar de manera que somos responsables de la destrucción innecesaria de bosques.

4 Permitimos que nuestros desechos no biodegradables lleguen al mar, por lo tanto miles de seres acuáticos mueren cada semana.

Cuaderno de ejercicios 8/1 [Página 23]

Los estudiantes utilizan los conectores de causa-efecto para unir las frases. En algunas ocasiones será necesario que los estudiantes alteren una de las dos partes de la frase para evitar repetición o para que la frase sea gramaticalmente correcta. Los estudiantes pueden comenzar las frases con la causa o el efecto según prefieran.

Respuesta sugerida

La polución acústica es mayor que antes puesto que nuestras ciudades son muy ruidosas.

Desechos de plástico frecuentemente acaban en nuestros océanos por lo tanto muchos animales marinos mueren intoxicados, heridos o atrapados en ellos.

Estamos talando nuestros árboles sin pensar en las generaciones futuras así que la desforestación de nuestros bosques es cada vez más preocupante.

Nuestros vertederos están llenos de modo que continúan emitiendo gases de efecto invernadero.

Supra-reciclar se ha puesto de moda debido a una nueva generación de gente creativa consciente de la salud de nuestro entorno.

3   Habla [Página 92]

Los estudiantes consideran si estamos haciendo lo suficiente para proteger el planeta y cómo será el futuro para próximas generaciones basando y/o justificando sus opiniones en la información y estadísticas proporcionadas en el texto. Anime a los estudiantes a proponer ideas y soluciones para mejorar la situación.

Respuesta libre

4   Escribe [Página 92]

Los estudiantes miran la foto de un vertedero lleno de basura y aplican el significado del refrán a la foto. Es muy posible que en el idioma del centro también exista un dicho o refrán similar en cuyo caso pueden comentar su equivalencia.

Respuesta sugerida

Es muy fácil ignorar el problema de los vertederos demasiado llenos porque no los tenemos en mente ya que no los vemos con frecuencia y no afectan nuestro día a día. Quizás reciclaríamos más y seríamos más conscientes de nuestro entorno al ver el efecto de nuestras acciones con más frecuencia.

Javier planea concienciar a sus estudiantes sobre los envoltorios innecesarios y la responsabilidad social de las empresas

1   Lee y escribe [Página 93]

Los estudiantes leen la información del cartel con el objetivo de comprender la idea principal que deberán transmitir en unas 50 palabras.

Respuesta sugerida

El cartel presenta los resultados de una encuesta para averiguar si los consumidores prescindirían del uso de las bolsas de plástico. El objetivo del cartel es concienciar a los ciudadanos de la longevidad del plástico del que están hechas y el daño que este causa al medio ambiente. También intenta animar a los consumidores a no usar bolsas.

2   Habla [Página 93]

El ejercicio brinda a los estudiantes la oportunidad de discutir sus opiniones al respecto de las bolsas de plástico y su rol en nuestra sociedad, conscientes del daño que estas causan al medio ambiente.

En el caso de que en su país sea obligatorio pagar por las bolsas de plástico, es una oportunidad para discutir lo que se hace con ese dinero y/o lo que debería hacerse con él. En caso que las bolsas de plástico no se deban pagar, puede compartir con sus estudiantes que una directiva de Unión Europea en los últimos años ha resultado en un coste por bolsa obligatorio y hacer que discutan si piensan que es una buena idea o no.

3   Lee [Página 94]

El ejercicio requiere que los estudiantes lean el texto e identifiquen la idea principal de cada párrafo.

Respuesta

1 **A**, 2 **G**, 3 **D**, 4 **B**

4   Lee [Página 94]

El objetivo del ejercicio es ampliar el vocabulario de les estudiantes que deben buscar palabras sinónimas en el texto.

1 despilfarro, 2 antaño, 4 descarte, 5 escala

5   Lee [Página 95]

Los estudiantes profundizan su comprensión del texto eligiendo el final correcto para cada frase según la información del texto.

1 **B**, 2 **C**, 3 **A**, 4 **C**, 5 **B**

6   Lee   `Página 95`

De nuevo, este ejercicio se centra en ampliar la base de vocabulario de los estudiantes. En esta ocasión deben identificar los antónimos de las palabras.

1 flexibilidad, 2 bajo, 3 apreciado, 4 incontrolada, 5 dañino

Cuaderno de ejercicios 8/2   `Página 23`

Los estudiantes escriben una lista de las ventajas y desventajas de las bolsas de plástico.

Respuesta sugerida

Ventajas

No tienes que llevar tu propia bolsa cuando vas de compras

Ocupan poco lugar

Si se vierte algún líquido, no atraviesa

Existen de todos los colores y tamaños

Aíslan comida de otros productos

Son baratas

No dejan pasar posibles olores

Desventajas

No son biodegradables

Pueden oler mal (de fabricación)

Contaminan los océanos

Nos hacen menos responsables

En su mayoría, no son estéticamente bonitas

Cuaderno de ejercicios 8/3   `Página 24`

Los estudiantes reflexionan sobre el papel de las bolsas de plástico en su día a día y las alternativas.

Respuesta sugerida

En la papelera del instituto – no son particularmente necesarias, las papeleras se podrían utilizar sin bolsa.

En el cubo de basura de la cocina – innecesarias pero se tendría que lavar el cubo más a menudo.

En la piscina para poner el bañador mojado – escurrir bien el bañador y enrollarlo en la toalla.

Para aislar las zapatillas de deporte del resto de ropa del gimnasio – utilizar una bolsa de tela.

En el supermercado – utilizar bolsas de papel, cajas o bolsas permanentes.

7   Lee y habla   `Página 95`

Los estudiantes discuten sus ideas en relación a la posibilidad de un supermercado sin envoltorios y sus ideas de cómo tal supermercado funcionaría. En caso de que hubiera cualquier iniciativa parecida en su país, esta es una oportunidad para discutirla.

8   Lee y escribe   `Página 95`

Los estudiantes leen el blog y escriben sobre las ventajas y desventajas de un supermercado de este tipo, según su opinión.

Respuesta sugerida

Odio llenar el cubo de basura de envoltorios innecesarios con cada producto que compro. Creo que un supermercado como *Original Unverpackt* es ideal y muy ingenioso pero también veo que de alguna manera ya no es un supermercado tan práctico como los demás, en el sentido de que no puedes coger una bandeja de esto o de lo otro, y tienes que hacer cola y servirte o que te sirvan los productos que necesitas. Además, necesitas acordarte de llevar contigo los envases vacíos así que no puedes pararte a comprar allí en cualquier momento, si no que tiene que ser algo planeado.

Por otro lado, sería cuestión de acostumbrarnos porque definitivamente es mucho mejor para el medio ambiente.

Javier considera el origen de los productos que consumimos...

1   Habla   `Página 96`

El objetivo del ejercicio es la introducción del tema del Comercio Justo (Fairtrade) del que los conocimientos de los estudiantes podrán ser muy variables. Muy probablemente los estudiantes estén familiarizados con el logo pero tengan pocos conocimientos más allá de lo que evidencia el nombre.

2   Lee   `Página 96`

Los estudiantes responden a las preguntas de acuerdo con el texto sobre los principios del comercio. Recuerde a sus estudiantes la importancia de la gramática y la necesidad de tener esta en cuenta para de este modo poder descartar posibilidades si estas no se ciñen al tipo específico de palabra que buscan en cada ocasión.

Respuesta

1 a los productores, 2 ayudas asistenciales, 3 igualdad, 4 valora, 5 empresa

3   Comprensión   `Página 96`

El objetivo del ejercicio es la práctica de la comprensión lectora. Los estudiantes leen las frases y deben emparejar los principios con los finales de acuerdo con los principios del Comercio Justo (Fairtrade). Es recomendable que recuerde a los estudiantes que usen sus conocimientos de gramática para descartar respuestas.

Respuesta

1 **C**, 2 **D**, 3 **K**, 4 **G**, 5 **J**, 6 **F**

Ejemplo: 1C La compra continuada de productos de Comercio Justo permite a los productores mejorar su medio de vida.

📖 Cuaderno de ejercicios 8/4   `Página 24`

Los estudiantes crean un acróstico utilizando las letras de "comercio justo", preferiblemente utilizando vocabulario relacionado con el tema del medio ambiente.

Respuesta sugerida

Comerciantes, Organizados, Mantienen, Esenciales, Relaciones, Con, Indígenas, Obreros, Justicia, Urgente, Solidaridad, Tenemos, Oportunidad

4   Lee y habla   `Página 96`

Los estudiantes leen la sorprendente nota cultural sobre el cacao y comparten sus opiniones al respecto del chocolate.

📖 Cuaderno de ejercicios 8/5   `Página 25`

El ejercicio brinda a los estudiantes la oportunidad de practicar el condicional y en particular los verbos cuya raíz cambia en los tiempos futuros. Recuerde a los estudiantes que el cambio de raíz, no solo ocurre en el

condicional sino que también ocurre en el futuro simple.

5 Escribe | Página 97

Los estudiantes ponen en práctica el vocabulario y estructuras que han aprendido sobre el comercio justo para escribir una carta a un supermercado local que no vende los productos de Comercio Justo.

Respuesta sugerida

Muy Srs. míos,

Les escribo porque me he dado cuenta de que en su supermercado no se vende ningún producto de Comercio Justo.

Comercio Justo es una iniciativa con la que se garantiza que los productores de materias primas tales como el cacao reciban un precio justo por su labor evitando la explotación infantil y la explotación de los trabajadores en general.

Lo bueno de los productos de Comercio Justo es que los consumidores conocen el origen del producto que compran y además saben que al comprar artículos de Comercio Justo, están colaborando con el medio ambiente y también ayudando a países menos desarrollados a evolucionar.

El sello de Comercio Justo está bien aceptado y reconocido por todos, así que les recomendaría que consideren reemplazar algunos de sus productos con alternativas de Comercio Justo.

Atentamente,

Lidia Suárez

6 Lee | Página 97

Los estudiantes leen las opiniones sobre el Comercio Justo y buscan la palabra de la lista que mejor se ajusta a cada espacio. Deberá recordar a sus estudiantes menos hábiles que tienen que considerar la gramática para que las respuestas tengan sentido.

Respuesta

1 marca, 2 manera, 3 exceso, 4 integridad, 5 sello, 6 farsa

7 Comprensión | Página 97

Este es un ejercicio de comprensión para el que los estudiantes no necesitan centrarse en la gramática sino en la idea principal que trasmite cada joven.

Respuesta

Bea e Iñaki

8 Comprensión | Página 97

En este ejercicio los estudiantes necesitan demostrar una comprensión más profunda de la información transmitida por los jóvenes para poder identificar a cuál de ellos se ajusta cada una de las ideas.

Respuesta

1 Bea, 2 Iñaki, 3 Sofía, 4 Alejandro, 5 Iñaki

9 Habla | Página 97

El ejercicio brinda a los estudiantes la oportunidad de resumir y exponer su opinión sobre el Comercio Justo a través de la crítica o el apoyo de lo que dicen los jóvenes.

10 Escribe | Página 97

El objetivo del ejercicio es concluir el tema del comercio justo con una oportunidad para que los estudiantes expongan su opinión por escrito.

Respuesta sugerida

Creo que el Comercio Justo es una idea fenomenal y en el futuro voy a apoyarlo en todo lo posible. Por desgracia, por ahora soy estudiante y mis ingresos son muy limitados así que no puedo permitirme gastos extra, y por eso, generalmente, compro las marcas más baratas sin fijarme demasiado en el proceso de producción y venta.

Javier planea una lección sobre el uso de energía y la sostenibilidad de los diferentes tipos de energía

1 Lee | Página 98

Este es un ejercicio de preparación para exponer a los estudiantes a vocabulario relativamente sencillo sobre el tema de las energías renovables y la sostenibilidad. Pese a que el vocabulario es bastante sencillo, quizás sea necesario que se asegure de que sus estudiantes entienden los tres conceptos siguientes. Los recursos naturales inagotables son aquellos que continuarán estando allí independientemente de los actos del hombre y de cómo el hombre los use. Los recursos naturales renovables pueden mantenerse e incluso aumentar con los cuidados adecuados mientras que los recursos no renovables son aquellos de los que existe una cantidad limitada.

Respuesta

Recursos naturales inagotables	Recursos naturales renovables	Recursos naturales no renovables
La energía de las olas La luz solar El viento	Los animales Las plantas	El gas natural Los minerales El petróleo Los metales

2 Lee y habla Página 98

Los estudiantes leen las frases e intentan explicar su significado en el contexto de los recursos naturales.

Respuesta sugerida

"Convertid un árbol en leña y podrá arder para vosotros; pero ya no producirá flores ni frutos" – se refiere al uso de los recursos naturales que podrían ser renovables con el cuidado necesario pero que en efecto, se convierten en no renovables.

"La tierra no es herencia de nuestros padres sino préstamo de nuestros hijos" – deberíamos ser más conscientes de como utilizamos los recursos porque no tan sólo tiene que durar nuestra generación pero también generaciones venideras.

"Produce una inmensa tristeza pensar que la naturaleza habla, mientras el género humano no la escucha" – estamos destruyendo elementos que deberían ser renovables pero por nuestra falta de cuidado, animales y plantas están despareciendo.

3 Lee y escribe Página 98

El objetivo del ejercicio es que los estudiantes se familiaricen con el vocabulario clave para definir los varios tipos de energías renovables.

Respuesta

1 Energía eólica: es la energía generada a partir del viento, normalmente a través de molinos de viento.

2 energía maremotriz: es la energía que se genera al aprovechar el ascenso y descenso del agua del mar (las mareas) a través de la construcción de presas.

3 energía solar: es la energía obtenida a través de la captura de la energía electromagnética del sol (luz, calor y rayos ultravioleta) en placas solares.

4 energía de biomasa: es la energía que se obtiene de compuestos orgánicos a través de procesos naturales de combustión.

5 energía hidroeléctrica: es la energía generada por la fuerza del movimiento del agua, generalmente obtenida a través de centrales hidroeléctricas construidas en cataratas naturales o artificiales a través de presas en ríos de gran volumen.

4 Lee Página 98

Este es un ejercicio de comprensión donde los estudiantes tienen que leer el texto y corroborar la veracidad o falsedad de las frases, identificando las palabras del texto que así lo demuestran.

Respuesta

1 Verdadero: "se puede incluso [....] comercializar la energía sobrante de forma rentable"

2 Falso: "en las casas tiene ventajas y desventajas"

3 Verdadero: "evitando así utilizar gas natural"

4 Falso: los paneles solares "no necesitan transportar la energía"

5 Falso: "Su desventaja radica más en lo visual: los paneles solares no son para nada estéticos ni agradables a los ojos"

6 Verdadero: "esto es algo que se está tratando de cambiar para un futuro no tan lejano"

5 Lee Página 98

El ejercicio tiene un objetivo de comprensión y a su vez gramatical puesto que los estudiantes deben identificar la palabra correcta asegurándose de que esta resulta en una frase de léxico correcto.

Respuesta

1 paneles, 2 facturas, 3 amortiza, 4 limpios, 5 desventajas, 6 estéticos

6 Escribe Página 99

Los estudiantes practican su capacidad de convencer a través de una carta defendiendo los paneles solares.

Respuesta sugerida

Queridos vecinos,

Entiendo sus reservas en relación de los paneles fotovoltaicos que el instituto quiere instalar. Sé que no son nada elegantes pero les pido que consideren el bienestar de nuestro planeta y no sólo el aspecto del tejado del instituto.

Como pueden imaginar, el instituto consume una gran cantidad de energía y los paneles fotovoltaicos representarán una gran inversión de futuro pues liberarán fondos que podrán ser utilizados en otras cosas necesarias. Por otro lado, queremos enseñar a todos los jóvenes la importancia de proteger el medio ambiente. Creo que la mejor manera es con el ejemplo y apoyando las energías renovables.

Espero que consideren mi argumento y reconsideren su posición,

Atentamente,

Javier

7 Lee y escribe [Página 99]

Los estudiantes demuestran su comprensión de las frases identificando el final más adecuado para cada una.

Respuesta

1 Desenchufa *vampiros eléctricos* como cafeteras, televisores, ordenadores, cargadores…etc. que consumen a pesar de no estar en uso.

2 Sitúa el refrigerador alejado de la estufa y lejos de los rayos del sol y asegúrate de que la puerta sella bien.

3 Cuando pongas la lavadora, llénala hasta el máximo permisible y utiliza solo el detergente necesario pues el exceso produce mucha espuma lo que hace trabajar más al motor.

4 Plancha la mayor cantidad de ropa posible en cada sesión pues mantener la plancha encendida un rato cuesta menos que conectarla muchas veces.

5 Usa bombillas de bajo consumo y LED, y recuerda limpiar lámparas y focos pues el polvo bloquea la luz. Apágalas todas cuando no sean necesarias.

📖 Cuaderno de ejercicios 8/6 [Página 26]

Los estudiantes consideran y escriben preguntas pertinentes para las respuestas proporcionadas con la ayuda del vocabulario en "La guía para reducir el consumo eléctrico" en el libro del alumno.

Respuesta sugerida

2 ¿A qué distancia del frigorífico se encuentra el radiador más cercano?

3 ¿Cuánto detergente pones en la lavadora?

4 ¿Con qué frecuencia planchas?

5 ¿Apagas las luces al salir de una habitación?

📖 Cuaderno de ejercicios 8/7 [Página 27]

El ejercicio consolida el vocabulario visto en el libro del alumno en relación al consumo y/o desperdicio de electricidad de una manera escrita.

Respuesta sugerida

En mi opinión pienso que no desperdicio demasiada electricidad porque generalmente apago luces cuando salgo de las habitaciones, utilizo el detergente correcto para lavar la ropa y plancho muy poco porque intento comprar ropa que no necesita plancha. Por otro lado, mi cargador del móvil casi siempre está enchufado tanto si está cargando mi móvil como si no, así que pienso que debería tener más cuidado y debería acordarme de desenchufar el cargador cuando no lo necesito.

8 Habla [Página 99]

El objetivo es brindar a los estudiantes la oportunidad de practicar oralmente el vocabulario visto en el ejercicio anterior. Anime a los estudiantes a utilizar lenguaje descriptivo para justificar sus respuestas (es fácil, es más/menos conveniente, etc.). La pregunta sobre cambiar sus hábitos tiene un objetivo primordialmente gramatical puesto que los estudiantes deberán utilizar el condicional para responder.

Javier investiga algunos proyectos poco convencionales para el cuidado y la mejora del medio ambiente en diferentes partes del mundo

1 Comprensión [Página 100]

Los estudiantes leen el texto y demuestran su comprensión contestando a las preguntas. Permita que los estudiantes menos hábiles reutilicen el vocabulario del texto pero se recomienda que anime a los estudiantes más hábiles a utilizar sinónimos y variedad de estructuras no necesariamente iguales que las del texto.

Respuesta

1 Los son porque cuidan del medio ambiente al mismo tiempo que cuidan de la estética de los edificios y dan vida.

2 Es el tejado verde más importante de la ciudad.

3 ASESCUVE reúne a todos los profesionales del gremio.

4 Porque proporcionan aislamiento térmico y acústico para los edificios además de hacerlos impermeables y fomentar la flora y la fauna.

5 Porque su flora retiene las partículas de polvo y polución.

6 Retiene el agua en la cubierta vegetal drenándola más lentamente hacia los sistemas colectivos.

2 Lee y escribe `Página 100`

El objetivo del ejercicio es que los estudiantes practiquen las estructuras condicionales de una manera controlada en la que no solo practican su gramática pero también la comprensión del texto. En algunas ocasiones, la respuesta será gramaticalmente correcta con el uso del presente de indicativo o con el futuro.

Respuesta

1 Si se busca la sostenibilidad, las cubiertas ecológicas son la mejor opción.

2 Si ponemos una cubierta ecológica en la casa nueva, ahorraremos energía.

3 Si la asociación ASESCUVE pudiera, todos los edificios tendrían techos verdes.

4 Si las partículas de polvo y polución se detienen, se reduce la contaminación ambiental.

5 Con los techos verdes, si llueve, el agua queda retenida en la cubierta vegetal.

3 Habla `Página 101`

Los estudiantes discuten sus opiniones en relación a los techos verdes. Anímeles a identificar ventajas no mencionadas en el texto (el oxígeno de las plantas contrarresta el CO2 de las grandes ciudades, posibilidad de tener un jardín aunque se viva en el centro de la ciudad… etc.) y los inconvenientes de los cuales no se ha hablado en el artículo.

4 Lee `Página 101`

Los estudiantes leen el texto y completan el último párrafo utilizando las palabras pertinentes del recuadro. Recuerde a sus alumnos que no sólo deben basar sus respuestas en el contenido y significado del texto pero que deberán aplicar sus conocimientos de gramática para que el párrafo resultante sea lexicalmente correcto.

Respuesta

1 daño, 2 coste, 3 más, 4 ayuntamiento, 5 consumidor

5 Lee `Página 101`

Este es un objetivo de comprensión donde los estudiantes deben identificar si las frases son correctas o falsas señalando, en cada ocasión, qué frase o palabra del texto corrobora su respuesta.

Respuesta

1 Verdadero: "millones de pies pisan [esta calle] todos los días"

2 Falso: "un chicle fresco alberga de 50 mil a 70 mil bacterias"

3 Falso: "cuando se seca, deja de ser un riesgo para la salud"

4 Falso: "tardará 5 años en degradarse"

6 Habla `Página 101`

El ejercicio brinda a los estudiantes la oportunidad de discutir un tema que probablemente sea bastante relevante para ellos. Si lo desea, puede hacer que los estudiantes miren debajo de sus mesas lo que en muchas ocasiones, ilustrará la gravedad del problema.

7 Escribe `Página 101`

Los estudiantes escriben una misiva más bien formal recomendando la prohibición de los chicles para lo que deberían utilizar el condicional y/o oraciones condicionales que han visto en esta unidad.

Respuesta sugerida

Sr. Director,

Le escribo porque ayer vi como uno de los estudiantes de su centro tiraba un chicle al suelo. Si tiras un chicle al suelo tarda 5 años en degradarse lo que supone un enorme gasto para el ayuntamiento que tiene que quitar los chicles de las aceras para evitar la contaminación urbana. Además, los chicles mascados suponen un riesgo para la salud porque albergan miles de bacterias.

En mi instituto no se permite mascar chicle y creo que su centro debería considerar prohibirlos. Los estudiantes que mascan chicle tendrían que limpiar los residuos de debajo de las mesas y de los suelos, cosa que muy probablemente les haría dejar esta costumbre.

Atentamente

Ainoa Sendino

8 Lee y habla `Página 101`

En primer lugar los estudiantes leen el texto e identifican la idea principal. Después discuten sus opiniones al respeto de la compra rutinaria de productos de importación. Se sugiere que obtenga una variedad de envases o etiquetas de productos e identifique el lugar de su procedencia para discutir si la distancia que han recorrido es justificada y/o si se podrían reemplazar con un producto de origen y producción local. Puede ser que sus estudiantes tengan en sus bolsas patatas fritas, barras de chocolate o latas o botellas de bebida con la que podría iniciar esta discusión.

9 Lee y escribe
[Página 101]

En esta ocasión, los estudiantes leen el texto sobre millas por comida en más detalle para identificar las ventajas que se mencionan y después intentan añadir otras ventajas a la lista.

Respuesta

Se ahorra carburante emitiéndose menos emisiones de CO_2

Comida más fresca

Se apoya la economía local y regional

Países en vías de desarrollo tienen más recursos para alimentar a su gente

Respuesta sugerida – ideas adicionales

Dieta más variada porque se come lo disponible según la temporada

Fomenta más trabajos locales (producción, embalaje y distribución del producto local)

Repaso

1 Lee y habla
[Página 102]

El ejercicio brinda a los estudiantes la oportunidad de repasar algunas de las estructuras y vocabulario aprendido en esta unidad a través del cartel que aborda un tema medioambiental accesible y relevante para los jóvenes.

2 Lee y escribe
[Página 102]

Los estudiantes reflexionan sobre la frase célebre y explican en sus propias palabras su significado y si están de acuerdo con la idea que transmite.

Respuesta sugerida

En mi opinión la frase quiere decir que nuestra sociedad es muy egoísta y despreocupada. Solamente estoy de acuerdo parcialmente porque aunque, vivimos en una sociedad consumista que no se preocupa lo suficiente por el entorno o por el futuro causando daños irreparables, creo que cada vez hay más gente concienciada y que se preocupa por el medioambiente. Por otro lado, creo que en realidad, la mayoría de nosotros ponemos más énfasis en la conveniencia de nuestras acciones, así como en nuestros deseos y preferencias personales que en el impacto de estos en el medio. Estoy de acuerdo con la frase cuando implica que será necesario llegar a un punto de crisis para que nos responsabilicemos de la situación.

9 Relaciones sociales y familiares

Área temática	El individuo y la sociedad
Tema	**Entorno social de los jóvenes** **El barrio** **Relaciones familiares**
Aspectos	Los jóvenes, las amistades, los compañeros, las parejas Los vecinos: Fiestas del barrio La familia: Celebraciones familiares Diferencias Culturales en las relaciones El matrimonio Opiniones
Gramática	Adjetivos posesivos (repaso) y pronombres posesivos Subjuntivo con verbos de deseo, preferencia, petición Posición del adjetivo (repaso) Expresar opiniones Preposiciones para describir
Tipos de texto	Artículos de prensa Correo electrónico Diagrama Diario íntimo Entrevista Invitaciones/fiestas Mensajes para un foro de internet Página web
Rincón del BI	**Teoría del Conocimiento** • ¿En qué medida tienen los jóvenes una concepción diferente a la de sus padres de las relaciones sociales? **Trabajo escrito** • Investigar las prácticas de las relaciones conducentes al matrimonio en ambas culturas. **Oral individual** • Estímulos visuales: Fotos de diferentes rituales de paso en diferentes culturas hispanohablantes: bodas, cumpleaños, graduaciones, etc. • Conversación sobre los momentos más importantes en la vida del estudiante y cómo los celebró. ¿Cómo participan la familia y los amigos en cada uno de estos eventos? **Producción escrita** • Quieres participar en un foro en internet sobre el tema "Vivir con los padres o independizarse a los 18 años: Ventajas e inconvenientes" Escribe una **entrada en el foro** con tus opiniones al respecto. (Escribe al menos 100 palabras).

1 Introducción

Página 103

Esta unidad en el área temática del individuo y la sociedad se centra en las relaciones interpersonales y sociales. Los estudiantes trabajan diversos aspectos del tema, como por ejemplo, relaciones en su entorno inmediato (amigos, compañeros, parejas, etc.) y también relaciones familiares en un sentido más amplio. La gramática incluye un repaso de los adjetivos y preposiciones, así como una breve introducción al subjuntivo.

La unidad comienza con una actividad de preparación en la que los estudiantes piensan en las personas con las que normalmente se relacionan y el tiempo que pasan con ellas.

Cristina y Pablo están mirando un sitio web para jóvenes para buscar información que necesitan para sus vacaciones de verano

Página web con las preguntas: ¿Eres joven? ¿Qué estás buscando? invita a los estudiantes explorar algunas de las necesidades que, como jóvenes, tienen o pueden tener. Desde asesoramiento y orientación a actividades de ocio. Pida a los estudiantes que miren las distintas opciones en el menú y que sugieran qué información buscarían ellos ahí. También puede preguntarles si utilizan este tipo de páginas y/o qué información echan en falta en esta página.

1 Lee y habla | Página 104

Este ejercicio pide a los estudiantes que busquen la sección adecuada para informarse sobre cada requerimiento. El objetivo del ejercicio es el de familiarizarse con el vocabulario relacionado con este tema.

Respuesta

1   Información: Becas

2   Participación: Encuentro Jóvenes Lectores

3   Instalaciones: Aulas internet

4   Tiempo Libre: Idiomas

5   Asesoramiento: Empleo

6   Información: Carné joven

2 Investiga y escribe | Página 104

Los estudiantes van a investigar y buscar información sobre que es el Carné Joven y para qué sirve. Deben encontrar información concreta que después utilizarán para escribir un correo electrónico.

3 Lee y habla | Página 105

Respuesta abierta

El póster de **LA FIESTA DEL ÁRBOL** de la Asociación de Vecinos celebrada el primer sábado de mayo ofrece otra buena oportunidad para hablar de un tema de interés sociocultural. Aproveche esta oportunidad para hacer un ejercicio de reflexión intercultural sobre la importancia del vecindario y de los vecinos en distintas culturas.

Una vez que los estudiantes han hablado sobre el póster de la convocatoria, se podría comentar la imagen elegida y sugerir el siguiente ejercicio, ahora o tras el ejercicio 4.

1   La Asociación de vecinos del Centro está preparando la Fiesta del Árbol de este año. Observa el cartel y lee también el texto de presentación.

2   Como miembros del comité de vuestro instituto, en parejas vais a describid las tres imágenes enviadas para la fiesta de este año y vais a decidir cuál vais a utilizar. Presentad a la clase la imagen que habéis elegido explicando las razones para vuestra elección.

1

2

3

4 Lee | Página 106

La Fiesta del Árbol, ¿a favor o en contra?

Los estudiantes leen las tres entradas de un foro sobre la fiesta del árbol. Antes de empezar a leer puede pedirles que predigan algunas de las razones por las que los jóvenes dirán SÍ o NO a la celebración de la fiesta del árbol.

5 Comprensión | Página 105

Este es un ejercicio de comprensión lectora que utiliza la técnica del examen: verdadero o falso y justificación de las respuestas.

Respuesta

Carlota, Manuel y Estrella.

1   Falso: *se hace a veces en los colegios, pero no en los barrios.*

2   Verdadero: *es una buena oportunidad para hacer nuevos amigos*

3   Falso: *son aburridas, no es necesario limpiar el parque ni reunirse con gente que no conoce para plantar un árbol.*

4   Falso: *el Ayuntamiento es el encargado de la limpieza.*

5 Verdadero: *la idea de plantar árboles o hacer algo juntos por y para el vecindario es estupenda.*

6 Falso: *es un barrio chévere donde se conocen los vecinos y donde se celebran fiestas.*

7 Falso: *es una buena idea porque hace pensar en algo que es de todos.*

8 Verdadero: *es una buena idea, el barrio se volvería más verde.*

Pida a los estudiantes que lean las estructuras para expresar opiniones y valoraciones en el cuadro de gramática y que después identifiquen todos los ejemplos de opiniones y valoraciones en los mensajes del foro.

Respuesta

Carlota: "**Me parece** una idea fantástica", "**Creo que** es importante porque así nos reunimos gente de todas las edades", "**Pienso que** en esta fiesta además se crea un entorno más verde", "**Es una buena oportunidad** para hacer nuevos amigos", "**Creo que** voy a intentar esta experiencia".

Juan: "La Fiesta de la Árbol **es otra fiesta sin tradición**", ¿No debería el Ayuntamiento encargarse de eso?, "si hay alguien que no lo haga, **debería obligarles** a limpiarlo o ponerles una multa", "**En mi opinión**, la comida y las actividades son aburridas", "**No es necesario**".

Manuel: "**para mi sorpresa**, los vecinos habían preparado una fiesta en los jardines", "**Fue divertido** y me hizo sentir muy bien. "Me **parece que** me ayudó bastante a conocer a mis nuevos vecinos""¡Es una idea estupenda la de plantar árboles".

Estrella: "Sí, **es una buena idea**, así nuestro barrio se volvería más verde", "**¡Todos estamos tan ocupados** siempre!", "Sí, **para mí es una buena idea**".

 Cuaderno de ejercicios 9/1 `Página 28`

Respuesta abierta

---

6 Escribe `Página 107`

Los estudiantes escriben su opinión sobre la fiesta del árbol. Pueden colgarla en el blog de la clase o simplemente compartirla con el resto del grupo.

El diario de Ana

Los estudiantes leen las páginas de *El diario de Ana*. Puede prepararles para entender el contenido del texto hablando de lo que son los diarios, sus funciones o de si ellos escriben o han escrito alguna vez un diario.

Puede que le pregunten o que observe el uso de "Le han llamado" por "La han llamado". Si lo considera oportuno, puede explicar el fenómeno del *leísmo*.

Ejemplo: **La** he llamado al su móvil. *Le* he llamado a su móvil (a ella) → leísmo aceptado.

La echo de menos. *Le* echo de menos (a ella) → leísmo aceptado

El empleo de *le* y *les* en función de objeto directo en vez de *lo* y *los* es corriente cuando se trata de formas de cortesía (*le ... a usted / les ... a ustedes*) y hay peligro de ambigüedad en la frase al final de las cartas: *Le saluda atentamente / Les saluda atentamente.* Ver más abajo: *leísmo de cortesía*. El empleo de *les* en función de objeto directo masculino plural de persona, en vez de *los*, es usado por muchos autores que exigen que la RAE lo admita como correcto, cosa que todavía no es el caso.

Centro y norte peninsular:
Quería hablar con Miguel y le llamó por teléfono a la oficina.

Resto de España y toda Hispanoamérica:
Quería hablar con Miguel y lo llamó por teléfono a la oficina.

Norma para todo el mundo hispano:
*El libro le dejé en casa. [leísmo incorrecto]

El libro lo dejé en casa. [correcto]

* Eso no le aprobará la junta directiva. [leísmo incorrecto]

Eso no lo aprobará la junta directiva. [correcto]

El País defiende el leísmo tolerado por la RAE:

"La utilización de *le* por el *lo* en función de complemento directo masculino no es incorrecta, ya que se trata de la fórmula más extendida en la mitad norte de España." (*El País – Libro de estilo*)

Ana y Maribel: ¿Amigas del alma?

---

1 Lee y escribe `Página 109`

En este ejercicio los estudiantes encuentran los referentes de los pronombres que han identificado en el ejercicio anterior en el diario de Ana. Aquí puede también surgir la pregunta sobre el leísmo.

Respuesta

1 Ana y Maribel

2 a mi hermana

3 lo que está pasando (he ido a casa de Maribel y no estaba)

4 a Maribel y a sus padres

5 a Maribel

 Cuaderno de ejercicios 9/2 `Página 28`

Respuesta

1 te, 2 la, 3 nos, 4 se, 5 lo, 6 Se, 7 Lo

2 Comprensión

Página 109

Este ejercicio de comprensión lectora usa la técnica de elección múltiple. Pida a los estudiantes que en cada pregunta lean todas las opciones con detenimiento antes de hacer una segunda lectura y escoger la respuesta correcta.

Respuesta

1 **B**, 2 **D**, 3 **C**, 4 **C**, 5 **A**, 6 **D**, 7 **B**, 8 **C**

3 Lee y habla

Página 110

La elección de uno de los tres posibles finales es personal. Los estudiantes deberán justificar su elección ante el resto de la clase. Además puede animarlos a crear su propio final – este trabajo se podría realizar en parejas.

4 Habla

Página 110

Los estudiantes toman el papel de Ana y preparan la conversación con un(a) amigo(a) contándole todo lo sucedido en primera persona. Recuérdeles que pueden elaborar un breve esquema para recordar los puntos esenciales.

5 Escribe

Página 110

Este ejercicio de escritura invita a los estudiantes a escribir desde el punto de vista de Ana, de su amiga(o) o escribir su propio diario durante una semana (deben escribir el primer párrafo en clase). Recuerde a los estudiantes que, como en el caso de los ejemplos, pueden usar el pretérito perfecto simple (pretérito indefinido) siempre que usen los marcadores apropiados (*ayer /anteayer salí*), y el pretérito perfecto si se sitúan dentro del tiempo de la acción (*esta mañana he salido*).

Anímeles a escribir un diario en español regularmente, es un ejercicio de expresión muy útil.

6 Habla

Página 110

El tema de la amistad es sin duda uno de los temas sobre el que todos pueden hablar. Los temas sugeridos ayudan a centrar el tema, el tiempo ayuda a limitar la cantidad de opiniones o ejemplos dados, y el esquema ayuda a recordar. Anime a todos a que mantengan estos tres parámetros presentes cuando preparen una presentación oral. Sugiérales también que se graben cuando practiquen.

Gramática en contexto

Pida a los estudiantes que observen el cuadro de gramática dedicado a los posesivos. Es la primera vez que se presenta el paradigma completo, aunque sí han visto y usado posesivos, especialmente adjetivos. Puede pedirles leer los ejemplos en la tabla por si surge alguna pregunta.

📖 Cuaderno de ejercicios 9/3

Página 29

1 mis, 2 mi, 3 suyos / míos, 4 míos / suyos, 5 sus, 6 nuestro

Retratos de familia

1 Lee y escribe

Página 111

1 Tras una lectura rápida del artículo sobre la familia en América Latina, los estudiantes han de realizar otra lectura buscando sinónimos para las palabras en el ejercicio. Esta práctica de lectura permite a los estudiantes usar los sinónimos como recurso de comprensión, así como también les prepara para uno de los ejercicios de comprensión lectora del examen.

Respuesta 1

1 comunes, 2 extensa, 3 crecimiento, 4 disminución, 5 ausencia, 6 desigualdades

2 El segundo paso de este ejercicio de comprensión lectora consiste en la comprensión de información presentada en el texto sobre la familia en España. Los estudiantes pueden comparar sus respuestas una vez terminado.

Respuesta 2

1 **A**, 2 **C**, 3 **A**, 4 **B**

3 Por último, este ejercicio de emparejamiento permite usar el conocimiento gramatical y sintáctico que el estudiante tiene para reforzar la comprensión y la asimilación del vocabulario clave para hablar de este tema.

Respuesta 3

1 **E**, 2 **F**, 3 **B**, 4 **G**

2 Investiga y escribe

Página 111

Este ejercicio de investigación y escritura sirve para realizar una actividad en clase con un objetivo sociocultural. La puesta en común se puede realizar con exposiciones orales apoyadas con pósters. La presentación de pósters en línea o fuera de línea, puede contribuir a poner de relieve la riqueza de información en el grupo sobre este tema. Tras la presentación oral, se pueden dar la oportunidad para que la clase haga preguntas.

📖 Cuaderno de ejercicios 9/4

Página 29

Respuesta

1 abuelo, 2 esposa, 3 hija, 4 hijo, 5 mujer, 6 hijos, 7 abuelo

📖 Cuaderno de ejercicios 9/5

Página 29

Respuesta libre

Problemillas familiares

Comente en título, en el uso del diminutivo en "problemillas familiares" y haga la aproximación a la lectura preguntándoles por los motivos de problemillas en sus familias.

1 Lee `Página 112`

Al leer el texto los estudiantes podrán comprobar si algunas de sus sugerencias están entre los problemas que apuntan Beatriz, Pablo y Ramón. Se puede hablar sobre si el país, la edad u otros factores pueden tener alguna conexión con el tipo de problemas familiares que se mencionan.

2 Habla `Página 112`

Elegir un título para cada una de las cartas significa que los estudiantes han identificado el tema principal de cada carta y entendido la intención del autor. Discuta en clase si es siempre una buena práctica fijarse en los títulos de los textos e intentar adivinar qué significan.

Respuesta

1 **B**, 2 **D**, 3 **A**

3 Comprensión `Página 112`

Este es un ejercicio de comprensión que usa tres tipos de pregunta de comprensión similares a los del examen. Los estudiantes necesitan práctica en los distintos tipos de preguntas de comprensión que van a encontrar en el examen.

Respuesta

1 (posible) Su amiga, su madre y ella misma. Su amiga prefiere hablar con la madre de Beatriz. Beatriz se aburre con su amiga porque no le gustan las mismas cosas y de Beatriz porque no sabe negociar qué hacer.

2 1 constantemente, 2 reñir, 3 pelea

3 1 Con su padrastro, 2 con su hermana, 3 Porque no podría pagar sus gastos

📖 Cuaderno de ejercicios 9/6 `Página 30`

Respuesta posible

1 Luis pide que le den más tiempo para acabar el proyecto.

2 Las niñas desean que les regalen muchos libros.

3 Ojalá que este año me den algún premio a mí.

4 Miguel prefiere que su familia no pase con él estas vacaciones.

5 ¿Queréis que os despierte?

4 Escribe y habla `Página 112`

Este es un ejercicio muy útil de comprensión y producción que favorece la interactuación y fluidez, además de poner en práctica vocabulario y expresiones nuevas. Se realiza en parejas. Invite a los estudiantes a cambiar de pareja a mitad del ejercicio para que se acostumbren a interactuar con otros compañeros.

5 Escribe `Página 112`

Este ejercicio de escritura puede hacerse de forma individual o de forma colaborativa en parejas o pequeños grupos. Las cartas con consejos pueden compartirse con la clase si hay tiempo.

Repaso de gramática: La posición de los adjetivos

Invite a los estudiantes a repasar la posición de los adjetivos con el cuadro que aparece en el libro de alumno. Hágales observar que *gran* y *grande* pueden anteponerse a un sustantivo femenino como se observa en los ejemplo.

Ejercicio de posición de adjetivos para practicar:

¿Cuál de cada dos frases es sinónimo de la del ejemplo?

1 grande
   Maradona era un futbolista excelente.
   - Maradona era un gran futbolista.
   - Maradona era un futbolista grande.

2 antiguo
   En el edificio del anterior instituto se ha abierto el Centro de la Juventud.
   - El instituto antiguo es ahora el Centro de la Juventud.
   - El antiguo instituto es ahora el Centro de la Juventud.

3 único
   No vas a tener una oportunidad igual.
   - Es una única oportunidad.
   - Es una oportunidad única.

4 bueno
   Me gusta como profesor, es bueno.
   - Me gusta, es un buen profesor.
   - Me gusta, es un profesor bueno.

5 malo
   El tiempo en Chile no fue malo.
   - No hizo mal tiempo en Chile.
   - No hizo tiempo malo en Chile.

Respuesta

1 grande

   Maradona era un futbolista excelente = Maradona era un gran futbolista.

2 antiguo

   En el edificio del anterior instituto se ha abierto el Centro de la Juventud = El antiguo instituto es ahora el Centro de la Juventud.

3 único

   No vas a tener una oportunidad igual = Es una oportunidad única.

4 bueno

   Me gusta como profesor, es bueno = Me gusta, es un buen profesor = Me gusta, es profesor bueno.

5 malo

   El tiempo en Chile no fue malo = No hizo mal tiempo en Chile. = No hizo tiempo malo en Chile.

Españoles en Argentina y Chile: parecidos pero no iguales

1   Lee y escribe | Página 113

Puede comenzar con una discusión sobre estereotipos ya que, en la entrevista, además de las opiniones de Ane y Josu sobre los chilenos y los argentinos, se pueden vislumbrar algunos estereotipos también.

Respuesta

1 No, Ane lleva viviendo un año en Argentina y Josu en Chile.

2 En Argentina usan formas, como el pronombre "vos" que hacen que suene más antiguo y formal. También hay palabras distintas, por ejemplo, una falda es una pollera, un bollo o bizcocho es una factura.

3 Los argentinos son tan diferentes y variados porque es un país formado de muchos inmigrantes de diversos países europeos y de los pueblos indígenas latinoamericanos.

4 Josu ha hecho amigos jugando al fútbol. A sus argentinos les apasiona el fútbol.

5 Según Ane los chilenos suenan formales por el uso del vos y del usted, pero le parecen muy alegres y divertidos.

6 No, Ane ha hecho muchos amigos que le han invitado a quedarse con ellos, a ir de vacaciones y a fiestas y celebraciones.

7 Les ha sorprendido la impuntualidad, incluso en ámbitos formales.

2   Escribe | Página 113

El primer paso de esta actividad de escritura resume diferencias mencionadas en la entrevista y puede ayudar a generar ideas sobre qué aspectos considerar a la hora de comparar hábitos en distintos países (paso 2). Indíqueles que han de mostrar evidencia de los hábitos, ejemplos concretos más que generalizaciones.

Al hablar de las diferencias en el uso de la lengua entre el español de España y el español del Río de la Plata, puede mencionar y explicar el voseo latinoamericano.

El voseo latinoamericano

El voseo latinoamericano se da en la mayor parte de Hispanoamérica aunque con consideraciones sociales diferentes según la región.

Zona de tuteo exclusivo en casi todo México, las Antillas, la mayor parte del Perú y de Venezuela y la costa atlántica colombiana.

Zona de tuteo como forma culta y voseo como forma popular o rural: en Bolivia, norte y sur del Perú, el Ecuador, pequeñas zonas de los Andes venezolanos, gran parte de Colombia, Panamá y la franja oriental de Cuba.

Zona de coexistencia del tuteo como tratamiento de formalidad intermedia y el voseo como tratamiento familiar: en Chile, en el estado venezolano de Zulia, en la costa pacífica colombiana, en Centroamérica y en los estados mexicanos de Tabasco y Chiapas.

Zona de voseo generalizado: en Argentina, Uruguay y Paraguay.

Fotos de familia

1   Investiga y escribe | Página 114

Pida a los estudiantes que observen las fotografías y las describan fijándose en sus componentes. Además, puede preguntarles si falta algún otro tipo de familia.

También puede preguntarles si estas composiciones familiares son comunes en sus países y cuál o cuáles dominan.

Respuesta

Modelos de familia:

A   la familia tradicional / nuclear

B   familia numerosa (3 o más hijos)

C   monoparental

D   la familia reconstruida o ensamblada

E   familia extensa

F   familia nuclear

2   Lee y escribe   Página 114

Tras la descripción e identificación de los tipos de familia en las fotografías, este ejercicio ofrece las definiciones de las mismas. Pida a los estudiantes que lean las definiciones para identificarlas con los nombres y las imágenes del ejercicio anterior.

RespuestaModelos de familia

familia tradicional o nuclear: formada por dos adultos, que ejercen el papel de padres, y por sus hijos.

familia numerosa: formada por los padres y tres o más de tres hijos.

familia monoparental: constituida por un solo cónyuge (madre o padre) tras la muerte, separación, divorcio o abandono de uno de los cónyuges, o madres o padres solteros.

familia reconstituida: compuesta por dos adultos que forman un nuevo núcleo familiar, en el que uno de los miembros, o los dos, aporta hijos de una relación anterior.

familia extensa: constituida por una agrupación numerosa de miembros, en la que junto a los padres e hijos, se incluyen abuelos, tíos, primos etc., abarcando dos o más generaciones.

familia nuclear: formada por dos adultos, que ejercen el papel de padres, y por sus hijos.

3   Escribe   Página 114

Este ejercicio tiene como objetivo repasar y ampliar vocabulario y expresiones para hablar sobre la familia. La clasificación que ofrece la tabla ayuda a su reconocimiento y uso.

Haga una puesta en común con los resultados de la búsqueda que han llevado a cabo los estudiantes.

4   Habla   Página 114

Una vez repasado el vocabulario y las expresiones relacionadas con la familia, a modo de juego o concurso, se puede realizar la descripción de las fotos, por ejemplo, otorgando mayor puntuación a la cantidad de detalle y palabras específicas utilizadas.

5   Investiga y escribir   Página 114

Este ejercicio invita a los estudiantes a realizar su propia investigación sobre la familia en los países de habla hispana. Compartir los resultados (los escritos) resultará en beneficio de todo, use el blog de la clase o el tablón de anuncios para exponer los trabajos.

6   Habla   Página 114

El debate en clase sobre: "No podemos tener éxito en la vida sin el apoyo de la familia" hará que los estudiantes utilicen expresiones de la unidad. Organice el debate en formato mesa redonda de manera que todos puedan exponer su punto de vista y su experiencia. Nomine un moderador y dé tiempo de preparación y limite el tiempo del debate también.

De celebración con la familia y los amigos

1 Lee y escribe

Página 115

Este es un ejercicio de lectura para buscar información muy específica y que además presenta expresiones utilizadas en distintos tipos de invitaciones. Además se puede reflexionar sobre los distintos maneras de celebrar los principales acontecimientos familiares en distintas culturas.

Respuesta

Acontecimiento anunciado	¿Quién(es) envía(n) la invitación?	¿Para quién(es) es un día importante?	Fecha / hora	Lugar
Nacimiento	Maya y Daniel Martínez	Raúl	día 3 de agosto	X
Matrimonio	Beltran Garcia	Tomás & Mercedes	16 de marzo a las 11 de la mañana	El Ayuntamiento de Roquemar, Huelva, para nuestra boda. Lo celebraremos todos juntos en el Mesón La Barca
Enlace civil	Jaime Ramos Pérez Rosa Ruíz Puig Manuel Torres Sanz Milagros Doncel Polo	Teresa y Eduardo	15 de junio, a la una de la tarde,	La Parroquia de San Justo (c/ San Justo 20) El almuerzo se celebrará a continuación en el restaurante "La Carroza"
Muerte	Esteban y Raquel (sus hijos) Esther, Juan y María (sus nietos)	Rosario González-Martínez	el lunes 10 de enero a las 16 horas	En la iglesia del Santo Ángel de Cádiz

2 Escribe

Página 115

Las prácticas culturales en relación a los ritos de paso son variadas e interesantes. Compartir este tipo de información en la clase enriquece el aprendizaje intercultural.

3 Lee y habla

Página 115

Este es un ejercicio de observación y análisis de los diferentes estilos y formatos usados en invitaciones a acontecimientos familiares. Se hace en parejas para que los estudiantes puedan contrastar sus observaciones.

4 Escribe

Página 115

En esta etapa de producción y aplicación de lo que han observado en los ejercicios anteriores, los estudiantes diseñan y escriben sus invitaciones asegurándose de que contienen toda la información necesaria y están redactadas en la forma necesaria. Puede realizar este ejercicio explicando que van a invitar a algún compañero de la clase y así el compañero puede responder a la invitación.

Los ejercicios que acaban de realizar dan pie a usar la expresión de deseo, preferencia, invitación o petición con subjuntivo. Pida a los estudiantes que lean el cuadro de gramática sobre el subjuntivo y que centren su atención en los ejemplos.

5 Lee y escribe

Página 115

Para practicar la expresión de deseo y petición, este ejercicio toma la invitación para que los estudiantes cambien los infinitivos de los verbos a subjuntivo. Señalar los verbos y expresiones que llevan subjuntivo les ayudará a recordarlo (*quiero que, ojalá, pedir que, preferís que*).

Respuesta

¡Hola a tod@s!

¡El sábado 20 seré mayor de edad! Quiero que todos mis amigos lo celebréis conmigo en la discoteca Pacharán. También voy a celebrarlo con una comida en el campo el domingo. ¡Ojalá podáis venir a las dos celebraciones! Necesito saber cuántos venís para pedir que nos reserven entradas en la discoteca. Decidme si preferís que os mande un mensaje de texto para confirmar vuestra asistencia.

¡Hasta el sábado!

Pablo

Cuaderno de ejercicios 9/7 `Página 30`

1 Lee y escribe `Página 31`

Este tipo de ejercicio, con técnica similar a la de alguna pregunta en el examen, pide al estudiante completar frases con el objetivo de comprender información específica de un texto, buscando la forma de completar las frases. Ayuda a los estudiantes a fijarse en el significado y en la forma en la que está presentada la información.

Respuesta

1 una Oficina del Registro Civil, Juzgado o Alcaldía

2 entre dos personas que deciden convivir y formar una familia.

3 el vestido de novia blanco,

4 el número de parejas casadas está disminuyendo y el número de parejas que viven juntos, o parejas de hecho, van en aumento.

2 Lee y escribe `Página 31`

Las preguntas de verdadero y falso con justificación, comprueban la comprensión del texto. La justificación sirve para no reducir el ejercicio a la mera adivinación.

Respuesta

1 Verdad. Justificación: los que se casan, lo hacen más tarde, entre los 27 y 29 años de edad.

2 Falso. Justificación: la convivencia prematrimonial es más importante para la estabilidad de la pareja.

3 Falso. Justificación: Mi mamá tenía 18 años cuando se casó con mi papá, pero no dice que la forzaron a casarse, simplemente se casó a los 18 años.

4 Falso. Justificación: Me gusta respetar las tradiciones y algún día me gustaría casarme, pero no ahora.

3 Lee y Escribe `Página 31`

En este ejercicio guiado se intenta que los estudiantes empiecen a formar sus propias opiniones sobre aspectos del tema a fin de poder llevar a cabo el ejercicio siguiente.

4 Escribe `Página 31`

El mensaje a un foro internacional en el que aportes hechos y datos sobre los cambios que el matrimonio y la familia han sufrido en el país de cada estudiante en los últimos 20 años puede llevar a los estudiantes a observar tendencias, similitudes o diferencias culturales y sociales.

Respuesta abierta

REPASO

1 Habla `Página 116`

La escena en la foto representa una familia celebrando al aire libre un cumpleaños con una piñata colgada en un árbol.

La piñata, para muchos tradición meramente mexicana, se originó en China (cultura que inventó el papel). La piñata pasó primero a Europa y luego a América. Los italianos comenzaron a decorar ollas de barro con papel de china, dándoles la forma de una piña de pino. Así la bautizaron con el nombre de "pignata". En México se integró al festejo de las Posadas perdiendo la forma de piña y tomando la forma de la estrella de Belén. En la actualidad las formas son muy variadas y se usan en los cumpleaños de los niños.

Posible respuesta

En esta fotografía hay ocho personas de una misma familia, creo: los abuelos, los padres, los hijos. Están celebrando o jugando a algo en el campo o en un parque. En primer plano hay un joven que está tapándole los ojos a una niña de unos 10 años. Al fondo está el resto de la familia observando. Todos parecen felices, llevan ropa de verano y los mayores, los abuelos llevan sombrero. Parece una fiesta familiar.

2 Habla `Página 116`

En este ejercicio los estudiantes tienen la oportunidad de compartir sus opiniones sobre el tema propuesto, "Las familias grandes son familias felices". Pueden apoyar sus argumentos con ejemplos referidos a su propia familia, usando para ello los posesivos que han visto en el cuadro de gramática de la página 110. El ejercicio se puede hacer en parejas o con toda la clase.

3 Escribe `Página 116`

Con este ejercicio de escritura se busca que el estudiante ponga en práctica lo aprendido en la unidad en relación a la relación con los vecinos; las reuniones para celebrar acontecimientos importantes; y el uso del subjuntivo con verbos de deseo, preferencia e invitación. Recuerde a los estudiantes estos objetivos antes de empezar.

Posible respuesta

Queridos Vecinos,

Como sabéis es el aniversario de boda de mis padres este fin de semana y quiero prepararles una fiesta sorpresa. Quiero que sea una auténtica fiesta sorpresa para mis padres. Mis hermanos prefieren que lo celebremos en casa, pero yo creo que va a ser difícil que sea una sorpresa porque ellos pasan mucho tiempo en casa. Yo prefiero que todos vayamos a un restaurante mexicano que a ellos les gusta mucho, La Catrina. He pedido a los dueños del restaurante, que son muy amigos de mis padres, que no les digan nada y que mantengan esta fiesta como secreto.

Nosotros vamos a ir vestidos de traje, pero preferimos que los invitados os vistáis como queráis. ¡Ojalá podáis todos venir el domingo 18 de mayo a las 2 de la tarde a La Catrina!

¡Hasta el domingo!

Amalia

10 Nuestro mundo, nuestra responsabilidad

Área temática	El medio urbano y rural El individuo y la sociedad
Tema	**Geografía física** **Ciudades** **Problemas medioambientales** **Tiempo meteorológico**
Aspectos	Montañas y campo, costa y playa Turismo urbano Impacto del clima en la vida cotidiana Cambio climático Especies en peligro de extinción Catástrofes naturales
Gramática	Pretérito perfecto (repaso) Pretérito indefinido (repaso) Pretérito imperfecto (repaso)
Tipos de texto	Artículos Anuncios Blogs Correos electrónicos Cuestionarios Guía turística Pósters Presentación oral
Rincón del BI	**Teoría del Conocimiento** • ¿Quién es responsable de ayudar a las víctimas de catástrofes naturales? **Trabajo escrito** • Investigar cómo las diferentes culturas se relacionan con el entorno natural. (Protección del medio natural, preservación de especies, etc...) **Oral individual** • Estímulos visuales: Fotos de personas afectadas por diferentes desastres naturales: sequía, inundaciones, ciclones, terremotos, etc,... • Conversación sobre las consecuencias de los cambios en el clima y de fenómenos como "El Niño". ¿Cómo es el clima donde vive el estudiante? ¿Ha notado cambios desde que era más joven? **Producción escrita** • Has ido de excursión con tus amigos a un parque natural de acampada el fin de semana pasado pero os hizo mal tiempo y la tienda se inundó. Explica en un **correo electrónico** a un amigo/a las aventuras durante la excursión y lo que hicisteis. (Escribe al menos 100 palabras).

Nuestro mundo, nuestra responsibilidad

Esta unidad en las áreas temáticas "Medio urbano y rural" y "El individuo y la sociedad" trata sobre la interrelación entre la geografía física y el ser humano, incluyendo el impacto de los fenómenos naturales y del cambio climático en la vida cotidiana. El repaso de los tiempos verbales de pasado, así como la adquisición de vocabulario pertinente a este tema son los objetivos lingüísticos de la unidad.

1 Introducción Página 117

Esta unidad empieza con una ficha técnica de Argentina que presenta información importante del país. La introducción y las primeras actividades tienen el objetivo de aproximar el tema de Argentina a los estudiantes e invitar preguntas y comentarios sobre el país.

Aquí los estudiantes tienen una fiche tecnica sobre Argentina con datos importantes, fotos etc. En la primera actividad tienen que leer la información sobre Argentina, y luego comparar la geografía y el clima de Argentina con su propio país. Tienen que apuntar las similares y las diferencias entre los dos lugares y luego hablar sobre si les gustaría visitar Argentina.

Unos jóvenes, Pedro y Noelia, tienen la oportunidad de viajar al extranjero con su instituto. Primero consideran un viaje escolar a España para explorar la geografía y la cultura del país

1 Lee
Página 118

El texto es una descripción de cuatro de las ciudades principales de España. Los estudiantes podrían navegar el texto más facilmente enfocándose en las estadísticas y los números.

2 Escribe
Página 118

Respuestas

Nombre de la ciudad	Población	El Clima	Transporte
Madrid	3,1 millones	mediterráneo, con inviernos fríos	autobús, metro, ferrocarril, AVE, aeropuerto
Málaga	568.000	caluroso, poca lluvia	metro, ferrocarril, AVE, autobús, puerto, aeropuerto
Bilbao	347.000	nublado, con lluvias en otoño e invierno	autobuses, ferrocarril, metro, tranvías, aeropuerto
Barcelona	1,6 millones	mediterráneo, con lluvias al final del verano y principio del otoño	metro, ferrocarril, tranvías, autobuses, puerto, aeropuerto

Nombre de la ciudad	Ubicación	Características del paisaje	Lugares de interés
Madrid	la zona central de la península Ibérica	Meseta Central, en la Submeseta Sur 657 m sobre nivel del mar	Museo del Prado, plazas, zonas comerciales
Málaga	el sur de la península Ibérica	la llanura aluvial en la Hoya de Málaga, las montañas de los Montes de Málaga y la costa	playas, museos, jardines, parques
Bilbao	en el norte, en el País Vasco, a unos 14km del golfo de Vizcaya, entre la Cordillera Cantábrica y los Pirineos	con colinas, el rio Nervión pasa por el centro	Museo Guggenheim, Casco Viejo, teatros, bares, restaurantes
Barcelona	a orillas del Mediterráneo, a unos 120km al sur de la frontera con Francia y los Pirineos	más de 4,2km. de playa	Parc Güell, Sagrada Familia, Gran Vía, Ramblas

3   Investiga y escribe   [Página 118]

En este ejercicio de escritura los estudiantes tienen la oportunidad de buscar información sobre una ciudad de su interés y de escribir una breve descripción sobre ella, usando como modelo las descripciones del paso anterior.

4   Lee   [Página 118]

Este ejercicio brinda a los estudiantes la posibilidad de practicar la comprensión lectora, así como también de familiarizarse con una de las grandes ciudades de España (Bilbao). También sirve de preparación para el ejercicio siguiente.

5   Escribe   [Página 119]

El objetivo de este ejercicio es el de reforzar el léxico pertinente al área temática de la geografía urbana de Bilbao.

El texto también utiliza el pretérito perfecto, lo que se puede practicar más en el cuaderno y también en el ejercicio siguiente. Hay información en El Repaso de Gramática para repasar el pretérito perfecto.

Respuesta

1 norte, 2 kilómetros, 3 muchas, 4 lado, 5 arte, 6 exterior, 7 flores, 8 araña, 9 recuerdos, 10 intención

📖 Cuaderno de ejercicios 10/1 [Página 32]

Respuesta

1   he comprado

2   hemos viajado

3   han ido

4   ha vuelto

5   habéis visitado

6   ha escrito

7   has montado

8   ha terminado

📖 Cuaderno de ejercicios 10/2 [Página 32]

Respuesta

6   Lee y escribe   [Página 119]

Respuesta

he llegado – llegar

he ido – ir

he comprado – comprar

he viajado – viajar

he hecho – hacer

7   Lee   [Página 119]

Respuesta

1   Falso. Justificación: Lucía escribe la entrada desde Bilbao.

2   Verdadero. Justificación: Lucía visitó el famoso museo Guggenheim.

3   Falso. Justificación: Puppy es una escultura hecha de flores.

4   Verdadero. Justificación: Mamá es una gran escultura de una araña.

5   Verdadero. Justificación: Lucía ha ido de compras por el Casco Viejo.

6   Falso. Justificación: Mañana va a visitar la Plaza Nueva.

7   Verdadero . Justificación: Mañana va a coger el autocar a Castro Urdiales.

8   Escribe   [Página 119]

Pedro y Noelia, como estudiantes de geografía, quieren saber más sobre el efecto del clima en la forma de vida de las personas

1   Lee y escribe   [Página 120]

Este ejercicio sirve para aproximar el tema del impacto del clima sobre las costumbres y forma de vida humanas en dos lugares muy diferentes. Los estudiantes deben identificar y apuntar todas las expresiones usadas para referirse a las condiciones meteorológicas que aparecen en el texto.

Respuesta

hace frío, hay mucha nieve, hace calor, hace mucho frío, llueve, hubo nieve

2   Escribe y habla   [Página 120]

Respuestas posibles

Hace sol; hace viento; hace buen tiempo; hace mal tiempo; hace… grados

Hay niebla; hay tormenta

Está despejado; Está nublado; Está lloviendo / llueve; Está nevando / nieva

3   Lee y escribe   [Página 120]

Respuesta

difícil sacar a los perros – demasiada nieve

avalanchas - el ruido o la descongelación de la nieve

acceso difícil a las tiendas – calles bloqueadas por la nieve

poca agricultura – no se puede cultivar mucho en las montañas

calles bloqueadas – la nieve

los visitantes pueden marearse – el clima

inundaciones – el deshielo

4   Habla   [Página 120]

Este ejercicio se realiza en parejas con el objetivo de que los estudiantes empiecen a pensar sobre el clima del lugar donde viven.

5   Investiga y escribe   [Página 120]

Respuesta posible

En Bilbao, durante el verano normalmente hace sol y calor, pero en otoño e invierno siempre llueve porque está situado al lado del mar y cerca de las montañas. Siempre ha sido un lugar lluvioso, y por lo tanto con paisajes muy verdes, pero se dice que ya no llueve tanto como antes a causa del cambio climático. A veces hay inundaciones pero no suelen causar problemas.

6   Escribe   [Página 120]

Este ejercicio brinda a los estudiantes la oportunidad de poner en práctica el vocabulario que han practicado en los ejercicios anteriores, al tiempo que expresan por escrito sus propias experiencias en relación al tiempo meteorológico.

Repuesta personal

En México recientemente ha habido problemas de sequía

1 Lee y escribe [Página 121]

Este ejercicio de comprensión lectora introduce el tema de la sequía y el terrible impacto de esta catástrofe natural sobre las personas. El objetivo es sociocultural al tiempo que lingüístico.

Respuesta

<u>Problema</u> de sequía en México, en varias zonas, escasez de lluvias, frentes fríos y secos

<u>Consecuencias</u>: bajos niveles de presas, insuficiente agua, baja producción de maíz y trigo y alimentos en general, podría afectar el año que viene también

<u>Soluciones</u>: tanques y camiones para repartir agua para prevenir las enfermedades por deshidratación, gastrointestinales y de la piel, abastecimiento para 1.500 comunidades en el país

2 Lee y escribe [Página 121]

Respuesta

1 reducir, 2 abastecimiento, 3 estados, 4 no lo percibe, 5 un panorama desalentador

Los estudiantes tienen que imaginar que han ido de viaje a una de las ciudades descritas en el ejercicio 1. Tienen que escribir una entrada en un blog y mencionar lo que han hecho y qué han visitado usando el pretérito perfecto.

3 Escribe [Página 121]

Respuesta

sus – de la sequía

los – los estados

lo cual – el reparto de agua

4 Lee y escribe [Página 121]

Respuesta

informó, identificó, provocó, tuvimos, coincidió, explicó

Los estudiantes tienen que buscar todos los ejemplos del pretérito indefinido. Hay información en El Repaso de Gramática para repasar el pretérito indefinido.

 Cuaderno de ejercicios 10/3 [Página 33]

Respuesta

El pasado 25 de mayo <u>hubo</u> un tornado en la Ciudad Acuña que <u>causó</u> la muerte de al menos trece personas. Coches y viviendas <u>fueron</u> destruidos y también <u>resultaron</u> heridas 229 personas. El fenómeno meteorológico solo <u>necesitó</u> seis segundos para causar grandes daños en muchos edificios.

Pedro y Noelia investigan los animales en peligro de extinción en los territorios hispanohablantes

1 Lee [Página 122]

Respuesta

1   el cocodrilo americano

2   el oso pardo

3   el lince ibérico

4   el jaguar

2 Lee y escribe [Página 123]

Respuesta

quedaban (x2) – quedar

estimaba – estimar

existían – existir

había (x2) – haber

calculaba – calcular

incluía – incluir

llegaba – llegar

alcanzaba – alcanzar

Los estudiantes tienen que leer la página web otra vez para buscar todos los verbos en el imperfecto que aparecen. Hay información en El Repaso de Gramática para repasar el imperfecto.

3 Habla [Página 123]

Ejercicio oral a realizar en parejas que sirve para preparar los ejercicios siguientes.

4 Investiga [Página 123]

En este ejercicio los estudiantes se informan sobre una especie en peligro de extinción en la zona en la que viven, con el fin de preparar el ejercicio siguiente.

5 Escribe | Página 123

Los estudiantes deben escribir una descripción del animal que han investigado en el ejercicio anterior, usando el imperfecto para describir cómo era su hábitat y cómo es ahora. El objetivo es la práctica del imperfecto y también el refuerzo del léxico correspondiente al tema de la protección de los animales. Los estudiantes pueden usar como modelo el texto sobre el jaguar, donde se cómo era el hábitat en el pasado y cómo es hábitat ahora:

A finales del siglo XV, el hábitat de este animal incluía territorios más extensos que ahora. Al norte, llegaba a parte de California, Texas y Nuevo México, en los actuales Estados Unidos. Al sur, alcanzaba hasta Argentina.

6 Lee y escribe | Página 123

Respuesta

1 **D** Hay que crear o restaurar los hábitats de los animales en peligro

2 **A** Tenemos que hacer la caza ilegal

3 **J** Se debería denunciar la venta de productos hechos con pieles de animales en peligro

4 **F** No deberíamos contaminar los hábitats de las especies amenazadas

5 **H** Es necesario donar dinero a organizaciones ecológicas o adoptar un animal a través de una de estas organizaciones

6 **I** Hace falta conservar la fauna de zonas donde los animales viven

7 Habla | Página 123

Este ejercicio brinda a los estudiantes la oportunidad de practicar expresiones para expresar obligación, así como les anima a tomar conciencia del deber colectivo de salvaguardar los animales en peligro de extinción.

En la segunda parte del ejercicio, se invita a que los estudiantes reflexionen sobre el papel de los jóvenes en los esfuerzos de conservación.

8 Investiga | Página 123

Los estudiantes buscan información sobre una campaña ecológica para proteger un animal en peligro y luego preparan un póster. Puede pedir a los estudiantes que trabajen en parejas o de forma individual. La puesta en común puede consistir en una exposición de pósters seguida de presentaciones y turno de preguntas.

Yo quiero ayudar

1 Lee y escribe | Página 125

Respuestas

1 Destinos Populares

2 Trabajo Social en Orfanatos

3 Conservación y Medio Ambiente

4 Enseñanza

5 Deportes

6 Arqueología

7 Cultura y Comunidad

8 Construcción

2 Lee y escribe | Página 125

Respuesta

Luis – Construcción

Jon – Deportes

Marisa – Enseñanza

Ana – Conservación y Medio Ambiente

3 Lee y escribe | Página 125

Respuesta

1 Falso. Justificación: Hay oportunidades para jóvenes entre 17 y 21 años.

2 Verdadero. Justificación: Hay proyectos de trabajo social en la India para contribuir a mejorar la vida de niños poco privilegiados.

3 Falso. Justificación: Se puede trabajar para conservar parques nacionales en Kenia.

4 Verdadero. Justificación: No hace falta tener experiencia previa en conservación.

5 Falso. Justificación: Hay puestos disponibles para jóvenes interesados en desarrollar sus habilidades de entretenimiento en deportes variados.

6 Falso. Justificación: Hay puestos disponibles para estudiantes durante el verano o para graduados después de terminar la carrera.

7 Verdadero. Justificación: Se vive con una familia anfitriona.

8 Verdadero. Justificación: En proyectos de construcción, se trabaja horas variadas.

4 Habla
Página 125

Este ejercicio da la oportunidad a los estudiantes de expresar sus preferencias, así como también de reflexionar sobre la importancia del trabajo voluntario. Si se realiza una puesta en común, esta brindaría la oportunidad de hablar sobre los países en vías de desarrollo y por qué estos necesitan la solidaridad de los países más desarrollados.

5 Investiga
Página 125

Este ejercicio sirve para que los estudiantes se familiaricen con las necesidades sociales en su entorno. También sirve para que piensen sobre sus propias preferencias.

6 Escribe
Página 125

En este ejercicio de escritura semi-guiado, los estudiantes han de escribir un correo electrónico para pedir información acerca de uno de los proyectos que han visto en el ejercicio 1. Deben elegir el proyecto que prefieran, describir sus aficiones y sus cualificaciones en relación al proyecto de su elección. Finalmente, deben pedir información en relación a este proyecto.

7 Escribe
Página 125

Respuesta abierta

Catástrofes Naturales

1 Lee
Página 126

Respuesta

1 **B**, 2 **E**, 3 **D**, 4 **C**

2 Habla y escribe
Página 127

Los estudiantes pueden hablar de desastres naturales vinculados a fenómenos meteorológicos como ciclones, huracanes o tormentas de nieve, u otros desastres como los incendios forestales, etc.

3 Investiga
Página 127

Este es un ejercicio de aproximación al tema que sirve para los estudiantes se familiaricen con la ubicación geográfica de las áreas que se mencionan en los textos del ejercicio 1 (Quillota, zona central de Chile; Málaga, en el sur de España; Buenos Aires y el centro de Argentina; las Islas Canarias, territorio español frente a la costa noroccidental de África).

4 Lee y escribe
Página 127

Respuesta

1 **C**, 2 **M**, 3 **L**, 4 **A**, 5 **D**, 6 **J**, 7 **N**, 8 **B**, 9 **G**, 10 **F**

5 Lee y escribe
Página 127

Respuesta

1 Falso – Duró entre 30 y 40 segundos.

2 Verdadero – Si no llueve pronto en Málaga EMASA deberá imponer cortes de agua.

3 Falso – Se electrocutó arreglando un cable en la terraza.

4 Verdadero – Las inundaciones fueron causadas por el intenso temporal de lluvia y viento.

5 Falso – Molist solicitó un plan nacional.

6 Falso – El texto no dice esto. Dice que se sospecha que algunas de las grandes extinciones de especies terrestres pudieron ser causadas por grandes desastres de este tipo.

6 Lee y escribe
Página 127

Efectos de un fenómeno meteorológico	Consecuencias de un desastre natural
2 una tormenta con mucho viento (ciclón)	1 muchas personas y animales ahogados
5 una ola grande que arrasa con la costa (un tsunami o un maremoto)	3 gente herida
	4 población sin viviendas
8 lluvias y vientos muy fuertes (un huracán)	6 escasez de comida
10 grandes avenidas de agua que cubren mucho terreno (las inundaciones)	7 escasez de agua potable
	9 edificios destruidos
12 la tierra tiembla durante unos segundos (un terremoto)	11 la pérdida de recursos naturales y económicos

2

Fenómeno meteorológico	Efectos	Consecuencias
Ciclón/Huracán	2	1,4,9
Inundaciones	10	1, 4, 6, 7, 11
Terremoto	12	1, 3, 4, 9

7 Escribe $\boxed{\text{Página 127}}$

Respuesta abierta

8 Escribe y habla $\boxed{\text{Página 127}}$

En este ejercicio los estudiantes van a dar una presentación sobre los fenómenos naturales, sus consecuencias, y las acciones que se debe tomar para proteger el medio ambiente y así minimizar el riesgo de que ocurran. El ejercicio brinda la oportunidad a los estudiantes de incorporar los contenidos, el léxico y la gramática que han visto en estas páginas.

REPASO

1 Lee $\boxed{\text{Página 128}}$

Cada alumno tiene que leer y responder al sondeo y sumar los puntos que recibe para cada respuesta para averiguar qué tipo de persona es.

1	a - 0	b - 5	c - 10
2	a - 5	b - 0	c - 10
3	a - 10	b - 5	c - 0
4	a - 10	b - 0	c - 5
5	a - 5	b - 0	c - 10
6	a - 0	b - 10	c - 5
7	a - 0	b - 5	c - 10
8	a - 0	b - 5	c - 10

Evaluación

Entre 60 y 100 puntos
Eres una persona muy responsable y comprometida. Intentas hacer todo lo que puedes para proteger el medio ambiente y ayudar a los menos afortunados.

Entre 35 y 59 puntos
Tienes un conocimiento de lo que está pasando en el mundo. A veces te apuntas a ayudar, y a veces no. Podrías hacer un poco más, ¿no te parece?

Entre 0 y 34 puntos
No haces mucho para ayudar a nuestro planeta ni a la gente que vive en este. Tienes que considerar cómo tus acciones afectan a los demás e intentar ser menos egoísta.

2 Habla y escribe $\boxed{\text{Página 128}}$

Después de completar el sondeo, los alumnos deben discutir los resultados con dos compañeros de clases y hablar sobre lo que hacen para ayudar al planeta y los menos afortunados.

11 Cuestiones globales

Área temática	
Tema	**Problemas globales**
Aspectos	La igualdad de género Ayuda a países en vías de desarrollo La pobreza La guerra El trabajo de las ONGs
Gramática	Repaso: imperativo Adverbios de lugar Conectores de contraste Repaso: usos del subjuntivo
Tipos de texto	Folleto Artículo Entrevista Email Relato
Rincón del BI	**Teoría del Conocimiento** • ¿ De dónde derivan los sentimientos solidarios hacia personas desfavorecidas, de los valores éticos, del conocimiento racional o de las emociones? **Trabajo escrito** • Investiga y compara la situación de las mujeres en una cultura hispanohablante y en tu cultura. **Oral individual** • Estímulos visuales: Fotos de jóvenes voluntarios en diferentes situaciones: Médicos sin fronteras, Amnistía Internacional, ayudando a refugiados, trabajando con niños,... • Conversación sobre la importancia del voluntariado y las ONGs para lograr un mundo mejor. Hablar de las iniciativas del estudiante y su relación con el programa de CAS. **Producción escrita** *ANUNCIO: Asociación de amistad con hospital infantil "Esperanza" necesita estudiantes voluntarios para pasar tiempo con los niños enfermos. Si estás interesado contacta Lourdes. (LourdesSaez@esperanza.com).* • Escribe un **correo electrónico** expresando tu interés en el voluntariado del anterior anuncio explicando quién y cómo eres, por qué quieres ayudar, lo que puedes hacer y tu disponibilidad.

Esta unidad en el área temática del medio urbano y rural está dedicada a los problemas globales tales como las crisis de refugiados, los matrimonios infantiles o los niños soldados entre otros. La gramática que complementa la unidad es mayoritariamente repaso de puntos gramaticales ya vistos en otras unidades.

1 Introducción Página 129

Esta actividad abre la unidad de una manera simple pero flexible ya que el país donde se encuentre el centro, determinará muy probablemente la visión que expresen los estudiantes en relación a la imagen.

Respuesta sugerida

España, familia, éxodo, inmigración, emigración, esperanza, pobreza, refugiados, guerra, escapar

2 Habla
Página 129

El ejercicio brinda a los estudiantes la oportunidad de utilizar el vocabulario del ejercicio anterior para expresar lo que creen que representa la imagen. También deberán considerar los sentimientos de la familia de la foto.

Respuesta sugerida

Pienso que la imagen representa a una familia que ha huido de su país a causa de la guerra y que se dirigen a España en busca de asilo.

La familia debe sentirse nerviosa porque están en una situación desconocida y también triste porque han dejado atrás todo lo que conocen para empezar una nueva vida.

3 Escribe
Página 129

Los estudiantes consideran las preocupaciones que afligen a cada miembro de la familia.

Respuesta sugerida

El padre:

Encontrar un lugar seguro donde pasar la noche

Encontrar trabajo

La barrera del idioma

Tener suficiente dinero para mantener a la familia

La educación del hijo

La madre:

Tener suficiente comida para la familia

Encontrar colegio para el hijo

Tener una fuente de ingresos

La adaptación al nuevo país

Encontrar un círculo social de apoyo

El hijo:

Hacer nuevos amigos

La barrera del idioma

Acostumbrarse a un nuevo colegio

Que le separen de sus padres

Que sus padres sean felices

4 Habla
Página 129

Los estudiantes debaten sus opiniones sobre la inmigración en el país del centro. Si esto no surgiera de forma natural, puede sonsacarles sus puntos de vista sobre la inmigración legal e ilegal y/o si la inmigración no es un tema controversial en su país, puede situar el debate en otro país donde el tema sea más problemático.

Nerea y sus compañeros se preparan para participar en el programa Modelo de Naciones Unidas donde estudiantes de diversos institutos y universidades representan a los diplomáticos de países miembros para debatir y resolver temas de tratamiento real. En primer lugar se informan sobre las actividades de la ONU (Organización de Naciones Unidas)

1 Lee y habla
Página 130

Los estudiantes leen la afirmación y discuten su significado. Si ninguno de sus estudiantes pudiera identificarla, infórmeles que se trata de la declaración universal de los derechos humanos.

2 Lee y escribe
Página 130

El ejercicio tiene un objetivo de comprensión. Los estudiantes leen los objetivos de desarrollo y los emparejan con las ilustraciones utilizando las palabras claves que entiendan. Recomiende a los estudiantes que no hagan el ejercicio en orden sino empezando por aquellos objetivos que reconozcan con más facilidad así pues, por eliminación, reduciendo las posibilidades de los objetivos que no puedan identificar inmediatamente.

Respuesta

1 **B**, 2 **E**, 3 **G**, 4 **H**, 5 **F**, 6 **A**, 7 **D**, 8 **C**

3 Habla
Página 130

El ejercicio brinda a los estudiantes la oportunidad de discutir los objetivos de desarrollo del Milenio y sus opiniones al respecto. Puede si lo desea comentar a los estudiantes que la meta original de Naciones Unidas era de lograr estos objetivos para el fin del año 2015 por lo que puede instigar una nueva discusión respeto a si se han logrado o si todavía están pendientes.

📖 Cuaderno de ejercicios 11/1
Página 34

Este es un ejercicio de lectura diseñado primordialmente para hacer que los estudiantes reflexionen sobre las prioridades del ser humano en cuanto a sus derechos y necesidades. En realidad no hay una respuesta correcta y probablemente los estudiantes tengan dificultad en ordenar los derechos puesto que la mayoría de ellos son bastante fundamentales en la actualidad.

Cuaderno de ejercicios 11/2 Página 34

En este ejercicio los estudiantes justifican los tres derechos que hayan considerado más fundamentales en 50 a 100 palabras.

4 Lee y escribe Página 130

En este ejercicio los estudiantes tienen que identificar la palabra que mejor se ajusta al espacio en cada frase. Para completar el ejercicio con éxito, los estudiantes tendrán que centrarse no solo en el sentido de la frase, sino también en sus conocimientos gramaticales para así descartar aquellas palabras que a primera vista podrían ser las correctas pero que resultan en frases gramaticalmente incorrectas.

Respuesta

1 derecho, 2 obstáculo, 3 remunerados, 4 relegar, 5 falta, 6 hombres, 7 poder, 8 medidas

5 Lee y habla Página 130

Los estudiantes leen de nuevo los 7 indicadores del ejercicio 4 y consideran con qué objetivo de desarrollo del Milenio están relacionados para después debatir si estos indicadores son ciertos o relevantes den el país donde se encuentra el centro.

Respuesta

Los indicadores están relacionados con el objetivo 3: la promoción de la igualdad entre los sexos y el empoderamiento de la mujer.

6 Escribe Página 130

El objetivo del ejercicio es que los estudiantes concreten por escrito algunas de las ideas emergidas en el debate sobre los indicadores del ejercicio anterior, resumiendo su interpretación de la situación de su país en relación a los indicadores sobre la promoción de la igualdad entre los sexos.

Respuesta sugerida

Pienso que en Perú la situación de la mujer ha mejorado mucho y aunque todavía no hemos alcanzado la igualdad entre los sexos, tampoco existen las enormes diferencias del pasado.

En mi opinión, el derecho a la educación de las niñas y chicas es ahora incuestionable, aunque acepto que en zonas rurales más remotas, las adolescentes todavía dejan los estudios para dedicarse a la familia. Frecuentemente esta situación se debe a la pobreza de las familias y en estas familias son normalmente los hombres los que tienen trabajos con un sueldo.

Por otro lado, bajo mi punto de vista; la igualdad de género en los niveles más altos y cargos más poderosos no se ha alcanzado aquí en Perú pero en realidad tampoco se ha alcanzado en los países más desarrollados. ¿Cuántas mujeres jefes de estado existen? ¿Por qué hay tan pocas?

7 Comprensión Página 131

Los estudiantes leen el texto rápidamente escaneando la información para establecer la información clave del texto.

Respuesta

Se trata de matrimonios y uniones de adolescentes menores de edad.

Las consecuencias están relacionadas con el abandono de los estudios que resulta en exclusión social y falta de perspectivas.

8 Lee Página 131

En este ejercicio los estudiantes deberán leer el texto en más detalle para identificar el final adecuado de cada frase. Para ello, recuerde a los estudiantes que deberán aplicar sus conocimientos de gramática para eliminar respuestas y reducir las posibilidades de respuestas incorrectas.

Respuesta

1 **C**, 2 **F**, 3 **I**, 4 **J**, 5 **E**, 6 **G**

9 Comprensión Página 131

El ejercicio brinda a los estudiantes la oportunidad de demostrar su comprensión detallada del texto contestando a las preguntas.

Respuesta

1 Las niñas generalmente dejan el colegio por lo que quedan excluidas. También pueden tener problemas de salud como consecuencia de embarazos prematuros.

2 Porque son soluciones aceptables a la falta de oportunidades educativas en comunidades y familias pobres.

3 La ONU considera estos matrimonios como una violación de los derechos humanos.

4 Quiere subir la edad mínima para contraer matrimonio a los 18 años.

5 La ventaja principal es la posibilidad de continuar estudiando, lo que básicamente resulta en más prosperidad y calidad de vida.

10 Lee Página 131

El objetivo del ejercicio es ampliar la base de vocabulario de los estudiantes que deberán encontrar palabras antónimas en el texto. Recuerde a los estudiantes que en este tipo de ejercicio, generalmente las palabras se encuentran en orden de manera que si pueden identificar algunas de las palabras que les resulten más fáciles, podrán identificar la parte del texto donde se hallan aquellas que les resultan más difíciles.

Respuesta

1 grave, 2 erradicar, 3 acabar, 4 tarde, 5 disfrutan, 6 mejor

11 Habla [Página 131]

El ejercicio brinda a los estudiantes la oportunidad de expresar sus propias opiniones al respecto del tema tratado en el artículo. Sin duda, sus opiniones dependerán en gran mayoría de la ubicación del centro y los hábitos y tradiciones en su país.

12 Escribe [Página 131]

El ejercicio crea una plataforma para que los estudiantes expresen en sus propias palabras lo que han aprendido sobre los matrimonios infantiles. Si lo desea, puede sugerir que las chicas entre sus estudiantes escriban la carta como si de ellas se tratara, aunque el ejercicio crea el contexto donde la carta se escribe en favor de una hermana para de este modo incluir a los estudiantes varones.

Respuesta sugerida

Queridos padres,

Estoy muy preocupado por mi hermana. Entiendo que no tenemos dinero y si se casa va a ser una boca menos que alimentar y la responsabilidad de su marido, pero pienso que con catorce años todavía es una niña. Mi hermana está dispuesta a casarse pero tendrá que dejar el colegio lo que significa que nunca tendrá un buen trabajo y me gustaría que ella tenga las mismas oportunidades que yo. Además, si se queda embarazada, pondrá en riesgo su salud porque su cuerpo todavía no es suficientemente maduro y en cualquier caso, todavía no la veo preparada para ser madre.

Sé que en nuestra comunidad las bodas tempranas son habituales, pero miren a las jóvenes que tardaron más en casarse o las muchachas de otros lugares más afortunados. Ellas tienen menos hijos, mejores trabajos y más calidad de vida: es el futuro que yo quiero para mi hermana. Ya estamos acostumbrados a la escasez y penurias así que creo que podemos superar otros cuatro o cinco años iguales por el bien de mi hermana.

Por favor reconsideren su decisión.

Les quiere.

Sebastián

📖 Cuaderno de ejercicios 11/3 [Página 35]

El objetivo de este ejercicio es acercar el tema de los derechos humanos al grupo de edad más relevante para los estudiantes brindándoles la oportunidad de que expresen aquello que les es fundamental. Si lo desea, puede alterar el ejercicio y presentarlo de una manera menos seria y más ligera haciendo que los estudiantes escriban 10 derechos que los estudiantes deberían tener, a su modo de ver, en el centro donde estudian.

Nerea considera la labor de las ONGs (Organizaciones no Gubernamentales) con la intención de elegir alguno de los problemas que abordan para su proyecto Modelo

1 Lee y habla [Página 133]

Este es un ejercicio de calentamiento. El debate es instigado por una afirmación cierta pero muy contundente sobre la distribución mundial de la riqueza. Después de expresar sus opiniones sobre la justicia de tal distribución, los estudiantes deben debatir la obligación moral de los ricos a ayudar a los menos afortunados.

2 Lee y habla [Página 133]

El objetivo del ejercicio es hacer que los estudiantes consideren el papel de las ayudas gubernamentales a países en vías en desarrollo y discutan sus opiniones con un compañero utilizando las afirmaciones para dar pie a sus opiniones propias. Cada una de las afirmaciones dadas en este ejercicio es un mito que más tarde se desmiente en la lectura del siguiente ejercicio.

3 Lee y escribe [Página 133]

Los estudiantes leen el texto junto a los mitos del ejercicio dos y justifican en sus propias palabras como se desmiente cada mito en la entrevista. Si desea simplificar el ejercicio para los estudiantes menos hábiles, puede pedirles que en la primera instancia relacionen los mitos con las preguntas de la entrevista, antes de explicar cómo se desmienten.

Respuesta sugerida

1 ¡Ya gastamos lo suficiente en ayudas a los países menos afortunados! – En realidad los países desarrollados tan solo gastan un 0.4% de sus bienes en ayudas internacionales mientras que gastan muchísimo más dinero en conflictos bélicos.

2 ¡El dinero que les mandamos sirve de muy poco! – A razón de las donaciones, se han hecho muchos adelantos en relación a enfermedades que mataban a mucha gente.

3 ¡La caridad empieza en casa! Deberíamos resolver nuestros propios problemas primero. – La definición de "problemas" varía de un país a otro con la mayoría de problemas básicos tales como la educación y sanidad estando resueltos en los países desarrollados cuyos problemas son muchísimo más costosos. En cambio, en países en vías de desarrollo, una pequeña cantidad de dinero puede cambiar drásticamente la vida de las personas.

4 ¡La mayoría de la ayuda no sirve para nada dada la corrupción de los gobiernos que la reciben! – Esto solo es cierto en países concretos en cuyo caso hay maneras de asegurarse que el dinero donado llega a su destino.

5 ¡Nuestras ayudas sólo les hacen más dependientes de nuestra caridad! – Hay muchos programas de ayuda que enseña a los agricultores a ser autosuficientes y que ayudan a las sociedades a entender la importancia de la salud y la higiene.

4 Lee [Página 133]

Los estudiantes leen las afirmaciones y deciden si estas son verdaderas o falsas según el sentido del texto, utilizando palabras del texto para justificar sus respuestas.

Respuesta

1 Verdadero: De manera que vuelva a contribuir al funcionamiento de la familia

2 Verdadero: Los rumores tienen razón en ciertos países concretos

3 Falso: La guerra de Iraq costó más que el total donado en ayudas a los países en vías de desarrollo en los últimos 50 años

4 Falso: Son pasos pequeños pero en la dirección correcta

5 Falso: Teniendo un resultado contraproducente

📖 Cuaderno de ejercicios 11/4 [Página 35]

El ejercicio brinda la oportunidad para la práctica de la conjugación de la forma imperativa en el contexto de las ayudas a países en vías de desarrollo.

Respuesta

1 acuses, 2 te quejes, 3 dona, 4 considera, 5 piensa, 6 olvides

5 Escribe y habla [Página 135]

El ejercicio tiene el objetivo de crear una oportunidad para que los estudiantes practiquen el vocabulario e ideas explotadas en relación a las ayudas a los países en vías de desarrollo. Dónde usted sospeche que las ideas de los estudiantes no van a discrepar lo suficiente para crear un debate, se sugiere que asigne la postura a favor o en contra a individuos o grupos de estudiantes como usted lo crea pertinente. Alternativamente, usted puede pedir a estudiantes particularmente hábiles que actúen como *abogado del diablo* desmintiendo y argumentando en contra de las posturas de los demás, al margen de sus propias opiniones.

6 Comprensión [Página 135]

El ejercicio tiene un objetivo de comprensión lectora donde los estudiantes tienen que demostrar su comprensión del texto eligiendo la opción correcta en cada caso.

Respuesta

1 **B**, 2 **D**, 3 **A**, 4 **C**

7 Lee [Página 135]

Los estudiantes leen de nuevo el artículo sobre el placer de la lectura en Nicaragua y completan el resumen con palabras exactas utilizadas en el texto.

Respuesta

1 placer, 2 voluntarios, 3 bibliotecas, 4 alta, 5 día, 6 éxito

📖 Cuaderno de ejercicios 11/5 [Página 35]

En este ejercicio los estudiantes reordenan las frases para que tengan sentido y revelen estadísticas un tanto preocupantes de temas de incumbencia mundial.

Respuesta

1 El 14% de la población mundial no sabe leer.

2 El 48% de los habitantes de la Tierra viven con menos de dos dólares al día.

3 El 1% de los habitantes del planeta poseen el 43% de la riqueza total.

4 El 16% de los humanos sufren de malnutrición.

8 Escribe [Página 135]

En este ejercicio los estudiantes piensan en maneras de fomentar el gusto por la lectura desde una edad temprana. Anímeles a sacar ideas de la lectura sobre el proyecto *Puedo Leer* además de aportar experiencias propias. El ejercicio les brinda la oportunidad de practicar el modo imperativo que vieron en el primer libro y que se repasa en esta unidad.

Respuesta sugerida

• Lean un cuento a sus hijos cada noche.

• Involucre a sus hijos en los cuentos preguntándoles acerca de sus ideas y opiniones sobre los personajes y sucesos.

• Utilice varios tonos de voz para ilustrar los diferentes personajes y hacer los cuentos más reales e interesantes.

• Dejen que sus hijos les vean leyendo libros con regularidad.

• En cuanto sus hijos sepan leer, anímenles a leer y contarles lo que han leído.

• Visiten la biblioteca con frecuencia.

Después de leer sobre el éxito del proyecto Puedo Leer, Nerea se interesa por la situación de los niños en Nicaragua

1 Lee y habla
Página 136

Este ejercicio introduce problemas globales adicionales y tiene el objetivo de actuar como plataforma para que los estudiantes los consideren y discutan posibles culpables, soluciones y problemas más urgentes.

2 Lee
Página 136

El objetivo del ejercicio es que los estudiantes demuestren su comprensión de los datos al inicio de la página resumiéndolos en una sola palabra que indique de que se trata cada frase.

Respuesta

1 **B**, 2 **E**, 3 **I**, 4 **D**, 5 **G**, 6 **K**

3 Lee
Página 136

El objetivo del ejercicio es animar a los estudiantes a escanear el texto para identificar las palabras claves que les ayuden a elegir un título para cada sección sin preocuparse de intentar entender la información detallada en cada párrafo. En esta ocasión hay tan solo los títulos necesarios puesto que se anticipa que esta sea más bien una actividad de calentamiento que no debería llevar más de unos minutos.

Respuesta

1 Miseria, 2 Sanidad, 3 Educación, 4 Empleo,
5 Violencia, 6 Casamientos

Cuaderno de ejercicios 11/6
Página 36

Los estudiantes identifican las ideas contrarias y utilizan variedad de conectores de contraste para unir las frases.

Respuesta sugerida

Más de la mitad de la población vive por encima del umbral de la pobreza <u>aunque</u> casi la mitad vive en situaciones económicas terribles.

La falta de infraestructura y personal adecuados resulta en un índice de mortalidad elevado <u>pero</u> la salud infantil ha mejorado y las estadísticas son esperanzadoras.

El índice de abandono escolar es muy elevado <u>a pesar de que</u> se han eliminado las cuotas de matrícula.

El porcentaje de niños que se ven obligados a trabajar no es muy alto <u>si bien</u> estos son utilizados para las peores formas de trabajo infantil.

El castigo corporal está prohibido, <u>no obstante</u> las correcciones disciplinarias son permitidas.

4 Comprensión
Página 137

Este ejercicio requiere una lectura más detallada del texto para poder responder a las preguntas de comprensión.

Respuesta

1 Porque sus familias son sumamente pobres.

2 Puesto que no hay infraestructuras y personal adecuado.

3 La eliminación del pago de una matrícula.

4 Porque trabajan en los peores tipos de trabajo infantil como el tráfico de menores para la explotación sexual.

5 Puesto que prohíben el castigo corporal excepto en el caso de correcciones disciplinarias.

5 Lee
Página 137

El ejercicio tiene el objetivo de enriquecer la base de vocabulario de los estudiantes puesto que deben encontrar palabras sinónimas.

Respuesta

A Pobreza, **B** Deplorable, **C** Esencial, **D** Falta,
E Aterrador, **F** Consecuencia

6 Lee y escribe
Página 137

Los estudiantes demuestran su comprensión lectora decidiendo si las frases son correctas o falsas e identificando las palabras del texto que justifican su decisión.

Respuesta

1 Verdadero: Esta cifra ha disminuido con la supresión de cuotas de matrícula

2 Verdadero: La mitad de los adolescentes no asisten al colegio

3 Verdadero: Los programas académicos están muy desfasados

4 Falso: Hallar el personal adecuado continúa siendo un reto, sobretodo; para afrontar los casos que implican violencia dentro de los centros educativos

5 Falso: El 15% de los niños tienen que trabajar

6 Verdadero: Tal como el tráfico de niños para la explotación sexual

7 Lee
Página 137

De nuevo, este es un ejercicio con el objetivo de ampliar la base de vocabulario de los estudiantes. Los estudiantes leen la sección indicada del texto e identifican antónimos para las palabras.

Respuesta

1 ambiguas, 2 castigo, 3 propias, 4 quedarse, 5 prohibida, 6 grave

8 Lee
Página 137

El objetivo del ejercicio es demostrar la comprensión detallada del texto eligiendo correctamente en cada ocasión la palabra cuyo significado sea consistente con el sentido del texto. Recuerde a sus estudiantes de poner atención a sus conocimientos de gramática que les ayudarán a descartar posibilidades y reducir las posibles palabras correctas.

Respuesta

1 mínima, 2 consentimiento, 3 menores, 4 inevitablemente, 5 prematuros, 6 bebés

9 Escribe
Página 137

El ejercicio brinda a los estudiantes la oportunidad de expresar sus opiniones en relación a los asuntos explotados sobre Nicaragua.

Respuesta sugerida

Querida Nerea,

He leído con interés sobre los problemas de los niños en Nicaragua y no es fácil decidir cuál de los problemas es más urgente, sin embargo; creo que finalmente me decanto por el asunto de los matrimonios infantiles puesto que me parece una forma de abuso, no muy diferente del abuso sexual que se menciona en relación al 15% de los niños que deben trabajar para ayudar económicamente a sus familias.

En realidad, también pienso que de todos los problemas mencionados, el matrimonio infantil tiene la solución más fácil puesto que un cambio en las leyes del país tendría un gran impacto mientras que afrontar otros problemas como la pobreza, la sanidad o la educación requiere medidas mucho más complicadas y costosas.

Atentamente,

Anna María

Nerea considera convencer a sus compañeros para basar su proyecto Modelo entorno a la situación de los niños en países en vías de desarrollo...

1 Lee y habla
Página 138

La afirmación "La guerra no es más que un asesinato en masa, y el asesinato no es un progreso" se atribuye a Alphonse De Lamartine, político francés, escritor y poeta que murió en 1869. Esta afirmación abre la página con el objetivo de hacer que los estudiantes reflexionen sobre el papel y necesidad de la guerra en el mundo actual y compartan sus opiniones con sus compañeros.

2 Lee
Página 138

Los estudiantes leen el texto sobre los niños soldados y demuestran su comprensión eligiendo el final más adecuado para cada frase según el sentido del texto.

Respuesta

1 **B**, 2 **B**, 3 **A**, 4 **D**, 5 **C**

3 Lee y escribe
Página 138

El ejercicio tiene el objetivo de hacer que los estudiantes practiquen su habilidad de sintetizar información clave extraída de un texto familiar. Los estudiantes deberán resumir en sus propias palabras el texto sobre los niños soldados cuya comprensión han demostrado en el ejercicio anterior.

Respuesta sugerida

En el mundo hay unos 300.000 niños soldados que participan en conflictos bélicos. Mayoritariamente son víctimas de secuestros o niños reclutados a la fuerza pero también los hay que escapan de este modo de su problemas o que buscan venganza. Las niñas soldado son obligadas a desempeñar servicios sexuales además del resto de tareas típicas de un niño soldado y por el momento, los programas de reintegración no tienen acceso a las niñas y mujeres jóvenes cuya única alternativa es continuar bajo la custodia de aquellos que abusaron de ellas.

4 Habla
Página 138

Con la foto, el ejercicio introduce el controversial tema de la inmigración ilegal y los refugiados. Se sugiere que por el momento evite invitar a los estudiantes a compartir sus opiniones al respecto de este tema pues en los ejercicios que siguen algunos estudiantes cambiarán su postura y/o comprensión.

5   Comprensión   [Página 139]

Los estudiantes leen el relato de Rasheed y contestan a las preguntas. Si lo desea, antes o después de corregir las respuestas; puede invitar a los estudiantes a discutir lo que piensan que sintió Rasheed en cada etapa del relato y si los estudiantes piensan que dad la misma situación, ellos hubiesen reaccionado de manera diferente.

Respuesta

1   Los soldados les amenazaron a su cuñado y a él de que si no luchaban, morirían. Al día siguiente mataron a su cuñado y violaron a su cuñada y dos días más tarde una bomba mató a su suegro y a su cuñada cuando destrozó parte del edificio.

2   Su suegra no se veía capaz de hacer el largo viaje a la frontera y no quería estorbar o retrasar a la familia.

3   Se sintió afortunado porque permitieron que todos los miembros de la familia subieran al barco aunque estaba ya demasiado lleno.

4   Porque los contrabandistas la tiraron al mar cuando lloró, después de que todos fueran amenazados con tal suerte si no mantenían silencio absoluto.

📖 Cuaderno de ejercicios 11/7   [Página 36]

Los estudiantes utilizan el relato de Rasheed en el libro del alumno para contestar a las preguntas de la entrevista.

Respuesta

Tenía 22 años.

Estaba casado con una hija de tres años y un bebé de ocho meses.

Cuando los soldados asesinaron a mi cuñado y violaron a mi cuñada porque mi cuñado se negó a unirse a ellos.

Llevaba un par de noches pensando en nuestras opciones pero en realidad no fue premeditada porque empaquetamos y salimos sin pensarlo cuando una bomba destruyó parte del edificio y mató a mi suegro y a mi cuñada.

Teníamos 16.000€ ahorrados porque llevábamos un año y medio ahorrando todo lo posible dada la inestabilidad de Siria.

No se veía capaz de hacer el largo trayecto a la frontera y no quería retrasarnos.

En realidad sabíamos que con su salud, muy probablemente no llegaría viva a la frontera y en cualquier caso, no teníamos suficiente dinero para otro pasaje así que decidimos que las niñas eran más importantes porque mi suegra ya había vivido su vida.

Fue muy largo y difícil. Caminamos dos semanas hasta alcanzar la frontera y de allí al mar exhaustos del trayecto y de la falta de comida y bebida.

Cuando nos acercamos a la costa los contrabandistas nos repartieron en barcas y nos amenazaron con tirarnos por la borda si no manteníamos silencio absoluto. Zada empezó a llorar y un contrabandista la tiró al mar.

Es evidente que intenté evitarlo pero un golpe con la culata de un rifle me dejó inconsciente.

La muerte de Zada ha sumido a mi esposa en una depresión insuperable y mi hija Amira no ha vuelto a hablar desde la muerte del bebé hace 8 meses.

6   Lee   [Página 139]

Este es un ejercicio de vocabulario con el objetivo de ampliar la base de vocabulario de los estudiantes.

Respuesta

1 trabajo, 2 violado, 3 en vilo, 4 destruyó, 5 estorbo, 6 trayecto, 7 contrabandistas, 8 acogida

7   Lee   [Página 139]

Al igual que el ejercicio anterior, este ejercicio tiene el propósito de ampliar el vocabulario de los estudiantes quienes esta vez necesitan identificar palabras con ideas contrarias.

Respuesta

1 delante, 2 negó, 3 incierto, 4 ahorrado, 5 suficientes, 6 lleno, 7 afortunados, 8 abarrotado

📖 Cuaderno de ejercicios 11/8   [Página 38]

Los estudiantes completan las frases utilizando adverbios de lugar pertinentes para que las frases tengan sentido.

Respuesta

1 delante/enfrente, 2 debajo, 3 dentro, 4 cerca, 5 dentro

8   Escribe y habla   [Página 139]

Habiendo leído y explotado la experiencia de Rasheed, el ejercicio brinda a los estudiantes la oportunidad de compartir su postura sobre la obligación moral de los países desarrollados de ayudar a los refugiados.

Los estudiantes preparan una presentación de uno a dos minutos donde exponen su postura y después responden las preguntas de sus compañeros e intentan revocar los argumentos de sus adversarios.

Nerea y sus compañeros están listos para empezar su proyecto Modelo para las Naciones Unidas

1   Lee | Página 140

En un enfoque menos común de lo habitual, los estudiantes deben leer las respuestas de los dos jóvenes e intentar identificar la pregunta que generó dichas respuestas.

Respuesta

La paz en el mundo, ¿es alcanzable?

2   Lee y habla | Página 140

El ejercicio hace que los estudiantes identifiquen el significado de las palabras utilizando el contexto y el sentido del texto para entonces explicar en sus propias palabras su significado, ofreciendo un sinónimo posiblemente más común.

Respuesta sugerida

Enmendar: reconocer sus propios errores. Sinónimo: resolver

Contradigan: que apoyen perspectivas opuestas. Sinónimo: estar en desacuerdo

Anhelo: un deseo que se espera que se haga realidad. Sinónimo: un deseo

Revanchismos: vengarse de otra persona o grupo. Sinónimo: venganzas

3   Lee y escribe | Página 140

En este ejercicio los estudiantes demuestran su comprensión del texto completando los espacios en blanco del resumen con palabras exactas de Héctor.

Respuesta

1 utopía, 2 poderosos, 3 falta, 4 mundo, 5 gente, 6 justas

Cuaderno de ejercicios 11/9 | Página 38

Los estudiantes consideran e identifican la razón tras el uso del subjuntivo en los cuatro ejemplos del comentario de Héctor.

Respuesta

1   **Dudo** que yo sea pesimista: claúsulas dependientes con expresión de duda.

2   **Me encantaría** que se logre: claúsulas dependientes con expresión de opinión.

3   Tampoco **les importa** que haya tantos seres humanos: claúsulas dependientes con expresión de opinión.

4   **Ojalá** me equivoque: claúsula principal después de ojalá.

Cuaderno de ejercicios 11/10 | Página 38

Los estudiantes leen las frases y deciden si precisan ser completadas con la forma indicativa o subjuntiva del verbo en paréntesis.

Respuesta

1   se prohíban, subjuntivo (deseo)

2   esté, subjuntivo (opinión)

3   debe, indicativo

4   debamos, subjuntivo (duda)

5   investigues, subjuntivo (recomendación)

6   aprenda, subjuntivo (expresión impersonal con adjetivo)

7   sea, subjuntivo (clausula principal despúes de quizás)

4   Escribe | Página 140

Los estudiantes consideran su posición al respecto de la viabilidad de la paz mundial y escriben su opinión en al menos 50 palabras.

Respuesta sugerida

Personalmente creo que la paz no será posible mientras las creencias religiosas de las varias sociedades nos dividan y haya individuos que tengan interpretaciones y visiones extremistas de su propia religión. La religión es una fuente de esperanza y consuelo para mucha gente, pero a mi modo de ver, también es la raíz de muchas altercaciones probablemente innecesarias.

5   Habla | Página 140

El ejercicio brinda a los estudiantes la oportunidad de proponer medidas para la obtención de la paz mundial, ya sea medidas personalizadas y aplicables a individuos u otras medidas más significativas que recomendarían a los gobiernos.

6   Lee | Página 141

Este ejercicio introduce a los estudiantes al programa de Modelos de Naciones Unidas con el objetivo más social que lingüístico de presentar a Naciones Unidas como una organización menos intimidante y distante y más accesible para los jóvenes de su edad. Desde el punto de vista lingüístico, los estudiantes deberán demostrar su comprensión del texto identificando el final correcto para cada frase recordando que sus conocimientos gramaticales les serán de mucho uso para eliminar respuestas no posibles.

Respuesta

1 **D**, 2 **E**, 3 **H**, 4 **F**

7 Lee y escribe
Página 141

Una vez más, los estudiantes deberán aplicar sus conocimientos de gramática para poder elegir la palabra de la lista que se ajusta a cada espacio en la segunda parte del texto.

Respuesta

1 reside, 2 posición, 3 debate, 4 alumnos, 5 reuniones, 6 evaluación, 7 experiencia

8 Escribe
Página 141

Los estudiantes demuestran su comprensión del programa de Modelos de Naciones Unidas escribiendo una carta al jefe de estudios donde proponen su interés y defienden el valor del proyecto en sus propias palabras.

Respuesta sugerida

Sr Benaimé,

Recientemente hemos aprendido sobre el programa de Modelos de Naciones Unidas y pienso que participar en un modelo sería una oportunidad fascinante para los estudiantes de nuestro centro que tienen un interés en el bienestar, igualdad y paz del planeta.

Un Modelo de Naciones Unidas supondría una gran cantidad de trabajo e investigación por parte de los participantes pero estos serían recompensados con la adquisición de una visión global del mundo que nos rodea y el aprendizaje de técnicas de persuasión, negociación y resolución de conflictos a través del diálogo. Además, los participantes también aprenderían técnicas de persuasión y oratoria que les serían muy útiles en el mundo laboral.

Tengo mucho interés en el tema de los refugiados y las sociedades desplazadas por los conflictos por lo que pienso que sería un tema ideal para explotar en un Modelo.

Por la presente, le ruego que nos brinde su apoyo para que podamos formar un equipo y registrarnos para participar.

Le agradezco de antemano su apoyo.

Atentamente

Luis Suárez Vidal

Repaso

1 Lee y habla
Página 142

El ejercicio brinda a los estudiantes la oportunidad de repasar vocabulario y estructuras vistas en esta unidad a través de un cartel propagandístico en apoyo a uno de los objetivos del milenio.

Los estudiantes leen la información en el cartel y contestan a las preguntas.

Respuesta

1   Se trata de un cartel para promover el objetivo 3 del milenio sobre la igualdad de género.

2   En la educación primaria, se ha conseguido la igualdad entre los géneros.

3   Respuesta personal

4   Respuesta personal

2 Escribe
Página 142

Los estudiantes repasan el vocabulario y las ideas que han visto durante la unidad en respecto a la igualdad de género y ordenan sus ideas y opiniones en una presentación oral.

3 Lee y habla
Página 142

Los estudiantes leen los titulares y con un compañero deciden cual es el problema global que ilustran para después discutir posibles soluciones a los problemas.

Respuesta sugerida

1   La inmigración ilegal – más controles marinos o aéreos para prevenir más ahogados.

2   La pobreza – que los gobiernos proporcionen comidas esenciales a todos los ciudadanos.

3   La distribución de la riqueza – obligar a que los ricos compartan su fortuna con los menos afortunados.

12 Las nuevas tecnologías

Área temática	Ocio y trabajo
Tema	**La tecnología** **Los medios de comunicación de masas**
Aspectos	Avances científicos polémicos La informática en la educación Juegos en línea y mundos virtuales Relaciones virtuales entre cibernautas: la seguridad REPASO PRACTICA DE PRUEBA 1
Gramática	Expresar opiniones (repaso) Expresar causa: conectores causales (repaso) Expresar finalidad: conectores finales (continuación)
Tipos de texto	Artículos de prensa Blogs Entrevistas Foros Opiniones Pósters Titulares
Rincón del BI	**Teoría del Conocimiento** • ¿De qué manera ha influido la facilidad en el acceso a la información con las nuevas tecnologías en nuestro conocimiento? **Trabajo escrito** • Investiga y compara la participación de los jóvenes en el uso de nuevas tecnologías en dos culturas, una hispanohablante y la tuya. **Oral individual** • Estímulos visuales: Fotos de jóvenes interactuando con diferentes tecnologías: robots, ordenadores, teléfonos inteligentes, videojuegos, etc... • Conversación sobre la dependencia de la tecnología en nuestras vidas. ¿Qué haríamos sin energía eléctrica y sin gasolina durante una semana? ¿Cómo afectaría a nuestras rutinas? **Producción escrita** • Escribe un **artículo** para la revista en español del colegio sobre el tema "internet: la era de la información". Menciona los aspectos positivos y los peligros de esta nueva tecnología. (Escribe al menos 100 palabras).

1   Introducción
Página 143

Pida a los estudiantes que miren la imagen que presenta el tema de las nuevas tecnologías y seleccionen las 5 palabras que usarían para describirla. Este paso les ofrecerá vocabulario específico sobre el tema que puede que desconozcan. Invíteles a compartir sus palabras con el resto del grupo para practicarlas mediante su uso. Con las preguntas 3 y 4 los estudiantes comienzan a explorar uno de los subtemas de la unidad y de gran actualidad: la tecnología vestible. Quizás en el grupo haya estudiantes "vestidos" con tecnología que puedan presentar y aportar su experiencia.

El instituto de Borja ha creado una revista digital, Jóvenes Digitales, para tratar de temas relacionados con las nuevas tecnologías

1   Lee y escribe
Página 144

Pida a los estudiantes que observen las 4 fotografías y que escriban una frase sobre qué aspecto del uso de las nuevas tecnologías presentan las imágenes. Después

leerán los títulos dados a cada una de las fotografía y los compararán con sus frases. Explique las palabras *muñeca* y TIC si es necesario. Finalmente, realizarán el ejercicio emparejando foto-titular con los contenidos dados 1–4.

Respuesta

A **4**, B **3**, C **1**, D **2**

2 Lee y escribe [Página 145]

Uno de los objetivos de esta actividad es practicar la comprensión de gráficos utilizando la técnica de Verdadero o Falso con justificación que se usa en el examen. Es posible que necesite repasar con sus estudiantes la expresión de cifras y de expresiones de cantidad. Haga que se fijen en el uso del artículo en las expresiones con porcentaje.

Respuesta

1   Verdadero. Justificación: Un 60% de los jóvenes encuestados dice tener pulsera inteligente.

2   Verdadero. Justificación: Sólo el 48% posee un reloj inteligente.

3   Falso. Justificación: La inmensa mayoría, aproximadamente el 86%, los usan para la monitorización de su información de salud y deporte.

4   Verdadero. Justificación: Un 4% posee gafas inteligentes.

5   Falso. Justificación: Apenas el 19% utiliza su tecnología vestible para ver contenido multimedia como fotos, vídeos o audio.

3 Investiga y habla [Página 145]

Esta actividad es una extensión, o continuación de la anterior. Los estudiantes llevan a cabo su propia investigación sobre el uso de tecnología vestible en su clase o en el instituto. Las entrevistas y el diseño de gráficos pueden llevarse a cabo en parejas o en pequeños grupos. Los estudiantes pueden incluir otros elementos o variables de tecnología vestible, como puede ser el género, la edad, etc. La presentación y comparación de gráficos puede hacerse como ejercicio escrito para fomentar la reflexión y el análisis de datos.

Respuesta abierta

 Cuaderno de ejercicios 12/1 [Página 39]

Este ejercicio tiene como objetivo el trabajar vocabulario y conceptos frecuentes en el tema de las nuevas tecnologías

Respuesta

1 **B**, 2 **F**, 3 **A**, 4 **E**, 5 **C**, 6 **D**, 7 **G**

La tecnología en la educación en el siglo XXI

1 Lee y escribe [Página 146]

Con este ejercicio los estudiantes practican la comprensión lectora con técnicas de exámen. Deben relacionar dos partes de una frase (1-4), encontrar sinónimos (5-8), y encontrar el referente de un pronombre (9-10).

Primero prepare a los estudiantes para leer la entrevista a Estrella Martín Palacios, directora y profesora de Biología del IES Siglo XXI. Antes de leer la entrevista pueden contestar en parejas a las preguntas del ejercicio *desde el punto de vista de sus profesores*. De esta manera, anticipan las respuestas desde su experiencia personal y aclaran términos y conceptos. Después de compartir sus respuestas con toda la clase, pídales que lean la entrevista de forma individual y encuentren puntos en común con las respuestas que ha dado la clase. Finalmente, los estudiantes completan las dos partes del ejercicio.

Una posible extensión a este ejercicio sería la simulación de la entrevista a su director / directora o a algún profesor/a.

Respuesta

1 **C**, 2 **E**, 3 **H**, 4 **D**, 5 justo, 6 difundiendo, 7 etimología, 8 aislar, 9 a los profesores del instituto, 10 a los alumnos

 Cuaderno de ejercicios 12/2 [Página 39]

a.

Este ejercicio refuerza el uso de subjuntivo con las estructuras de opinión. Explique las diferencias entre el uso de indicativo y subjuntivo con las expresiones de opinión. Si es posible, corrija este ejercicio con la clase para asegurarse de que las formas de subjuntivo son correctas y todos se beneficien de la repetición de las formas y de las ideas de los compañeros.

Es posible que tenga que explicar o repasar los usos del indicativo, subjuntivo o infinitivo con estas expresiones. También recuérdeles que el adverbio tampoco, es negativo y, por eso, la expresión tampoco creo va seguida de subjuntivo.

Ejemplo: No me gusta que se use demasiada tecnología vestible.

Respuesta abierta, pero aquí tiene unos ejemplos posibles

No me gusta que...	+ SUBJUNTIVO	...se abuse de la tecnología.
No me opongo a que...	+ SUBJUNTIVO	...los jóvenes usen tecnología vestible.
No creo necesario que...	+ SUBJUNTIVO	...tengamos que aprender con tecnología.
Me parece bien que...	+ SUBJUNTIVO	...estudiemos en aulas virtuales.
Es necesario que...	+ SUBJUNTIVO	...todos sean conscientes de los peligros de internet.
Es injusto que...	+ SUBJUNTIVO	...no protejan a los jóvenes del acoso cibernético.

b.

Esta segunda parte del ejercicio proporciona más práctica en el uso del indicativo / y subjuntivo con expresiones de opinión.

Respuesta

1   Los nativos digitales buscan que la tecnología les **permita** acceder más rápidamente a los otros usuarios.

2   Estamos de acuerdo con que la nueva generación **es** capaz de gestionar más eficazmente grandes cantidades de información.

3   Sin duda, los jóvenes **están** más abiertos a la diversidad.

4   Queremos que la innovación **forme** parte de nuestras vidas.

5   Los nativos digitales saben que la tecnología **ayuda** a eliminar barreras físicas y mentales.

📖 Cuaderno de ejercicios 12/3 [Página 40]

Utilizando las estructuras para dar opinión, los estudiantes escriben opiniones a favor y en contra sobre la opinión dada. Indíqueles que pueden dar ejemplos que apoyen sus argumentos a favor o en contra (compartir los argumentos y ejemplos enriquecerá a toda la clase). Escoja las 5 opiniones más compartidas para escribirlas en el tablón de anuncios de la clase (o clase virtual) si la tuviera.

Respuesta abierta

2   Lee y escribe [Página 147]

Este es un ejercicio lingüístico en el que los estudiantes buscan estructuras específicas y ejemplos concretos en el texto con el fin de fijarse en su uso. La clasificación de las mismas ayuda a la reflexión sobre su uso y funciones.

Respuesta

1   a fin de tener / para que tengamos

2   para conocer

3   de navegar

4   para mantener / que mantengamos

5   de bloquear

3   Escribe [Página 147]

Ejercicio de producción individual en el que cada estudiante dará respuesta a tres de las cuestiones que se han tratado hasta ahora:

- El uso que se hace de las nuevas tecnologías en sus institutos;

- Cómo usan internet ellos;

- El efecto en las relaciones que el uso de las TIC causa o puede causar.

Borja lee un blog sobre la seguridad en internet en la revista digital de su instituto

1   Escribe [Página 148]

La aproximación o preparación a la lectura del blog puede llevarse a cabo a partir del título del blog: Navegación inteligente. ¿Qué significa? ¿A qué se refiere? ¿Qué significaría no saber navegar de forma inteligente? ¿Son sus alumnos navegadores inteligentes? ¿Por qué?

Tras una primera lectura, los estudiantes completan el texto con las palabras dadas. Adviértales que hay más palabras que huecos.

Respuesta

1 personal, 2 recomiendan, 3 usuario, 4 apodo, 5 piratas, 6 bloquear, 7 programas, 8 navegando

📖 Cuaderno de ejercicios 12/4 [Página 41]

El objetivo de este ejercicio es practicar el uso de infinitivo / subjuntivo en oraciones finales. Mire con los estudiantes el cuadro de gramática del libro de alumno y los ejemplos. Invíteles a deducir el uso de uno u otro según tengan el mismo o diferente sujeto.

Respuesta

1 Las universidades han creado aulas virtuales a fin de tener/ que tengamos más accesibilidad.

2 Los jóvenes necesitan informarse para conocer / que conozcamos las distintas formas de acoso en línea.

3 Tenemos que ser precavidos a fin de navegar / que naveguemos de forma inteligente por internet.

4 Nos recomiendan usar un apodo para mantener / que mantengamos el anonimato.

5 Los padres establecen filtros con el objeto de bloquear / que bloqueemos información inapropiada.

📖 Cuaderno de ejercicios 12/5 [Página 41]

Este ejercicio tiene como objetivo practicar los conectores causales. Pida a sus estudiantes que lean con atención el cuadro gramatical antes de hacer este ejercicio.

Ejemplo: Mucha tecnología vestible es cara. No es accesible para muchos jóvenes.

Como mucha tecnología vestible es cara, no es accesible para muchos jóvenes.

Respuesta

1 No sale mucho **porque** prefiere chatear y hacer amigos en línea.

2 Hemos decidido hacer un curso de inglés en línea **por** su flexibilidad horaria.

3 **Como** la tecnología avanza tan rápido, no conseguimos aprender bien el uso de algunas aplicaciones.

4 **Como** las TIC transformarán la educación y la forma en la que aprendemos, los libros se quedarán obsoletos.

2 Lee y escribe [Página 149]

Pida a los estudiantes que lean con atención los cuadros de gramática que presentan los conectores causales y finales, y que se fijen en los ejemplos y en los usos del indicativo y subjuntivo (con los conectores finales). Después, los estudiantes vuelven a leer el blog *Navegación inteligente* para buscar 3 ejemplos de conectores causales y 5 ejemplos de conectores finales. Haga una corrección con toda la clase para aclarar los usos.

Respuesta

CAUSALES	FINALES
Como ya tienen mucha experiencia suelen pensar que no necesitan consejos. INDICATIVO	[...] **para** crear una dirección de correo electrónico o un alias o identificador, de esta manera no se podrá saber si el usuario es de sexo masculino o femenino. INFINITIVO
[...] **porque** pueden tener segundas intenciones. INDICATIVO	[...] **a fin de** mantenerse anónimo, es recomendable usar un apodo que no coincida con el alias o identificador. INFINITIVO
[...] **porque** las nuevas tecnologías evolucionan a un ritmo muy rápido. INDICATIVO	**Para** bloquear o filtrar los mensajes inapropiados, [...] INFINITIVO
Por tu seguridad, sigue las recomendaciones de los expertos y de tus padres. SUSTANTIVO	[...] **con el fin de** estar seguros de que siguen protegiendo... INFINITIVO
	Para tener el control y navegar de una forma inteligente por internet [...]INFINITIVO

3 Comprensión [Página 149]

Este ejercicio de Verdadero o Falso con justificación les ayuda a practicar la técnica de examen de discriminar entre información verdadera y falsa en un texto justificando la respuesta.

Respuesta

1 Verdadero. Justificación: Es muy buena idea que los padres recuerden a sus hijos adolescentes que no deben dar información personal en internet.

2 Falso. Justificación: En los chats se recomienda utilizar un apodo que no coincida con el alias o identificador con el fin de mantener el anonimato.

3 Falso. Justificación: Normalmente son los padres los que establecen filtros adaptados a la edad de sus hijos.

4 Verdadero. Justificación: A pesar de que el correo electrónico es relativamente privado, los piratas informáticos o hackers pueden acceder a él.

5 Falso. Justificación: Los programas de protección necesitan ser actualizados periódicamente.

6 Verdadero. Justificación: (Con todos los problemas que podemos encontrar navegando por internet, ¿merece la pena hacerlo?) Para la mayoría de la gente, la respuesta es sí.

7 Falso. Justificación: Además de usar el sentido común, es necesario conocer los peligros potenciales y ser precavido.

4 Escribe | Página 149

Los estudiantes escriben una entrada en la que presenten y expliquen su experiencia en relación a las medidas de seguridad que utilizas o has utilizado al navegar por internet. Recuérdeles que han de utilizar expresiones causales y finales.

Borja entra una pregunta en el foro de mundos virtuales y juegos en línea en la revista Jóvenes Digitales

1 Lee y escribe | Página 150

Divida la clase en grupos de 3 y pídales que cada uno de los miembros del grupo lea una de las entradas del foro de opinión. Después, cada estudiante escribe con sus propias palabras la opinión que ha leído y se la lee a sus otros dos compañeros. Los compañeros pueden hacer preguntas para aclarar o precisar la información dada. Una vez los tres miembros de cada grupo hayan presentado su parte del texto, pueden leer el original para comprobar su comprensión. Después completan el ejercicio individualmente y comprueban sus respuestas con los compañeros de sus grupos.

Respuesta

Razones a favor	Razones en contra
Me entretiene y motiva (Marina)	En la mayoría de los casos hay al menos un ejemplo de contenido sexual o de violencia, y eso no me gustó. (Enrique)
Se pueden crear representaciones virtuales que permiten vivir en otros mundos. (Marina)	
Me han ayudado a desarrollar mi creatividad y a hacer muchos amigos y compañeros de juego virtuales en todo el mundo. (Marina)	Estoy de acuerdo con los que piensan que son una pérdida de tiempo que convierten a los niños y a los jóvenes en adictos al juego. (Enrique)
Además, con estos juegos practico inglés y conozco a personas de otros países con las que puedo practicar las lenguas sé o he estudiado. (Marina)	
Estos juegos divierten y atraen la curiosidad y atención del niño, ayudándole a desarrollar su intelecto y a identificar y entender sus emociones. (Cristóbal, lo que defienden sus padres)	Se han convertido en una especie de niñera, que modela mentes y conductas, en muchos casos las relacionadas con el consumo de bienes y servicios. (Enrique)
Son muy entretenidos y además les enseña algo. Contribuyen a la socialización pues crean una comunidad social. (Cristóbal)	

2 Comprensión | Página 150

Ejercicio de comprensión léxica en contexto. Fomente el uso del contexto antes de que pregunten o utilicen el diccionario.

Respuesta

1 adicto a, 2 me entretiene, 3 intelecto, 4 emociones, 5 personajes, 6 modelar / modela, 7 A que en la mayoría de los casos había al menos un ejemplo de contenido sexual o de violencia.

3 Habla y escribe | Página 151

Con esta actividad de producción oral y escrita semi-controlada los estudiantes reflexionan sobre el uso de juegos en línea desde su experiencia personal. Recuérdeles que es importante utilizar las estructuras de opinión que han visto antes en el libro.

Respuesta abierta

4 Lee y habla | Página 151

Pregunte a sus estudiantes sobre el significado de la imagen para prepararse para la lectura del artículo. ¿Por qué la tableta en forma de ñ? ¿Es por la falta de esta tecla o símbolo? ¿Utilizan páginas en español cuando usan internet? ¿Para qué?

Después invíteles a leer los titulares y a interpretarlos o comentarlos antes de leer los contenidos.

Respuesta

1 C, 2 A, 3 B, 4 D

5 Investiga y escribe | Página 151

Esta actividad de investigación y de escritura se puede realizar en clase o fuera de clase, de manera individual (aprendizaje autónomo) o en parejas (aprendizaje colaborativo).

La presentación de los cursos elegidos, y sus razones, pueden presentarse en clase para compartir información.

Respuesta abierta

Borja explora la nueva brecha digital

1 Lee y escribe
[Página 152]

Haga que los estudiantes se fijen en las características del texto y en el título. Quizás tenga que aclarar el significado de *brecha*.

Puede plantear los ejercicios 15 y 16 de comprensión sobre el texto como una prueba para el examen. Controle las condiciones como si fuera el examen, si le parece apropiado.

Respuesta

1 **C**, 2 **E**, 3 **G**, 4 **I**, 5 **F**, 6 **A**

2 Comprensión
[Página 153]

Respuesta

1 C, 2 C, 3 A, 4 descargar, 5 brecha, 6 colaborativo

3 Investiga y habla
[Página 153]

Utilice este tema de investigación para que los estudiantes practiquen la producción oral al presentar los resultados. Utilice los criterios de evaluación oral del curso.

Respuesta abierta

Cuaderno de ejercicios 12/6 [Página 41]

El extracto de *La nueva brecha digital* presenta ejemplos de verbos frecuentes en este tema.

Respuesta

1 manejan, 2 son, 3 forman, 4 descargan, 5 suben, 6 crean, 7 separa

Repaso

1 Lee
[Página 154]

Los estudiantes completan el cuestionario para averiguar si son adictos a internet. Aclare el procedimiento y dé un límite de tiempo (10 – 15 minutos).

Comente y aclare algunos términos y expresiones como: *"sacarle provecho"* (= beneficio, utilidad).

Tras sumar todas las puntuaciones obtenidas en el test, presénteles la interpretación asociada a los resultados para comprobar si son adictos a internet:

1.   a= 0   b=2   c=1
2.   a= 2   b=0   c=1
3.   a= 0   b=1   c=2
4.   a= 0   b=2   c=1
5.   a= 0   b=2   c=1
6.   a= 0   b=1   c=2
7.   a= 2   b=1   c=0
8.   a= 0   b=1   c=2
9.   a= 1   b=0   c=2
10. a= 2   b=1   c=0
11. a= 0   b=2   c=1
12. a= 2   b=0   c=1

Resultados del test de adicción a internet

0–8 puntos (Uso)
No estás enganchado. Simplemente usas internet como herramienta de trabajo o para hacer alguna gestión. Es perfecto, continúa usándolo así como recurso de ayuda.

8–16 puntos (Abuso)
No podemos decir que tengas una dependencia, pero lo cierto es que pasas demasiado tiempo mirando internet. Si lo piensas bien, parte de este tiempo incluso puedes ahorrártelo. Te recomendamos que te pongas un tope de tiempo para mirar internet si no quieres acabar enganchado.

16–24 puntos (Dependencia)
Estás enganchado a internet, y lo usas para todo: internet te alivia, te divierte, te distrae… Debes pensar que la red es una herramienta para hacernos la vida más fácil y no para causarnos problemas. Sustituye algunas de las cosas que haces por internet para pasar a hacerlas físicamente, y desconecta internet en las ocasiones que estés frente al ordenador y no lo vayas a usar.

Cuaderno de ejercicios 12/7 [Página 41]

Pida a los estudiantes que escriban unas 50 palabras para un blog presentando su perfil de usuario de internet con la información del test que ha realizado en la actividad del Repaso.

Acknowledgements

The authors and publishers acknowledge the following sources of copyright material and are grateful for the permissions granted.

Cover images: (earth) OlinChuk/Shutterstock; (basketball) Monkey Business Images/ Shutterstock; (penguin) Marisa Estivill/Shutterstock; (boy) Phase4 Photography/ Shutterstock; (graffiti) Emma Bonshor; (hat) Alfredo Maiquez/ Getty Images; (Gaudi) Sylvain Sonnet/Getty Images; (girl) Monkey Business Images/Shutterstock; (recycling) m-imagephotography/Getty Images.

p.32 Bet-Noire/Getty Images; p.32 Hilch/Getty Images; p.70 Fairtrade logo used with permission; p.78 (1) Jonathan Woodcock/Getty Images; (2) syntika/Getty Images; (3) DigtialStorm/Getty Images

Terms and conditions of use for the CD-ROM